AF461095

RECUEIL

DES

DÉCRET, ORDONNANCES,

ARRÊTÉS ET RÈGLEMENTS

CONCERNANT LE RÉGIME DE LA

BIBLIOTHÈQUE ROYALE.

(AN IV — 1847.)

RECUEIL

DES

DÉCRET, ORDONNANCES,

ARRÊTÉS ET RÈGLEMENTS

CONCERNANT LE RÉGIME DE LA

BIBLIOTHÈQUE ROYALE.

(AN IV — 1847).

PARIS,

IMPRIMERIE DE GUIRAUDET ET JOUAUST,

RUE SAINT-HONORÉ, 315.

1848

RECUEIL

DES

DÉCRET, ORDONNANCES,

ARRÊTÉS ET RÈGLEMENTS

CONCERNANT LE RÉGIME DE LA

BIBLIOTHÈQUE ROYALE.

(AN IV — 1847.)

I

RAPPORT

PRÉSENTÉ AU NOM DU COMITÉ D'INSTRUCTION PUBLIQUE,

SUR L'ORGANISATION DE LA BIBLIOTHÈQUE NATIONALE

PAR VILLAR, DÉPUTÉ DE LA MAYENNE.

(CONVENTION NATIONALE, séance du 6 vend. an IV, 28 sept. 1795.)

REPRÉSENTANTS DU PEUPLE,

Votre comité d'instruction publique vient vous entretenir, par mon organe, de la Bibliothèque nationale, appelée la Bibliothèque du roi sous le régime de la tyrannie. « C'est une des plus nobles institutions, dit Voltaire... Il n'y a point eu de dépense plus magnifique, plus utile... C'est sans contredit le monument le plus précieux qu'il y ait en France. »

Toutes les nations policées ont confirmé d'une voix unanime ce jugement d'un grand homme. Les barbares de nos jours disaient, il n'y a pas long-temps : A quoi servent les livres? « Vous les méprisez? répond l'illustre auteur que j'ai cité : songez que tout l'univers connu n'est gouverné que par des livres, excepté les nations sauvages.... La Chine est régie par le livre moral de Confucius... La Perse fut gouvernée, pendant dix siècles, par les livres d'un des Zoroastres. »

Je n'insisterai pas sur les déplorables sottises débitées avec tant d'emphase par l'ignorance et l'hypocrisie. Si le peuple s'est abandonné quelquefois à l'impétuosité du torrent révolutionnaire, ne cherchons point ailleurs la cause de son égarement. Elle est dans les mesures si adroitement combinées par nos ennemis pour envelopper d'une épaisse nuit les esprits les plus droits et les âmes les plus généreuses. Le peuple est toujours bon, toujours juste, toujours ami des principes; qui en doute? Mais il a besoin de lumières; c'est à vous de lui en procurer : vous trouverez dans la Bibliothèque nationale les moyens de remplir le premier devoir que votre mission vous impose.

L'Europe savante ne cessera jamais de vous envier cet immense dépôt de toutes les connaissances humaines. Quand le despotisme le formait, il ne sentait pas que dès ce moment il travaillait à sa propre ruine, et qu'un jour la liberté, réfugiée dans nos climats, puiserait dans cet arsenal littéraire des armes pour le combattre et le renverser. La nation est devenue propriétaire de ce tresor, c'est elle qui vous l'a confié : tâchez de l'agrandir par une forme d'administration mieux adaptée au régime de l'égalité, et par les acquisitions nécessaires dont sa nature et son importance le rendent susceptible.

Il existe une place de bibliothécaire que la loi n'a point encore atteinte. Créée par un tyran que la flatterie surnomma *le restaurateur des lettres*, elle fut d'abord, il est vrai, l'apanage du mérite. N'en soyez pas surpris, représentants. La Bibliothèque était alors, si je puis m'exprimer ainsi, dans son berceau, ou plutôt la nation n'avait point de bibliothèque. Elle ne possédait qu'une faible collection d'imprimés et de manuscrits, retirés du chaos où plusieurs siècles de barbarie les avaient précipités.

Peu à peu de nouvelles richesses augmentèrent ce dépôt national ; les peuples étrangers lui apportèrent, comme en tribut, une foule d'écrits échappés aux ravages de la guerre. Sa grandeur naissante éveilla la cupidité des courtisans ; la place de bibliothécaire devint la proie de l'intrigue et le gage de la faveur. Le mérite, incapable de s'avilir en rampant, fut privé de l'emploi que les sciences, les lettres et les arts, lui avaient assigné. Des droits honorifiques succédèrent à une surveillance active : on les réserva pour quelques familles privilégiées, dont la Bibliothèque semblait être l'héritage. On vit un enfant de huit ans, l'abbé de Louvois, réunir à la fois sur sa tête la place de bibliothécaire, celle de garde de la librairie, et celle de garde des médailles.

Ainsi, dans les états monarchiques, tout est trafic ou prérogative. Ainsi, par la faiblesse ou le despotisme d'un seul homme, les meilleures institutions se corrompent en passant des mains du génie et de la vertu aux mains de l'orgueil et de la vanité.

Je le sais bien, représentants, le retour des abus proscrits n'est point à craindre. Mais le moindre rejeton doit être coupé dans sa racine. La Bibliothèque nationale est encore administrée par un chef; une telle organisation ne s'accorde point avec nos principes. Vous avez donné aux autres établissements littéraires la forme républicaine qu'ils vous demandaient. Le Muséum d'histoire naturelle n'est plus soumis à l'autorité d'une sorte de gouverneur. C'est une réunion de savants et d'écrivains estimables, qui, sans ambition, sans rivalité, sans jalousie, animés par une émulation noble et touchante, veillent avec la plus parfaite harmonie à la conservation et à l'accroissement des trésors de la nature.

Là, Daubenton, supérieur aux titres et aux décorations imaginaires, content d'une gloire personnelle acquise par soixante ans de travaux et de succès, vénérable par son âge et plus encore par la simplicité de ses mœurs, reçoit de ses vertueux collègues des marques de déférence et de respect d'autant plus flatteuses pour sa douce vieillesse que la loi ne lui accorde point de distinction.

L'expérience a mis le dernier sceau à votre décret sur la noutelle organisation du Muséum d'histoire naturelle. Appuyé de son témoignage, votre comité d'instruction publique vous propose d'asseoir sur les mêmes bases l'administration de la Bibliothèque nationale. Il vous invite à supprimer la place de bibliothécaire, dont les fonctions se bornent à une inspection périodique, sans aucun fruit pour l'établissement. Le régime républicain ne souffre point de charge aristocratique. La nation ne veut salarier que des hommes utiles, et le sol de la liberté ne doit pas nourrir des plantes parasites.

Un Conservatoire composé de huit savants ou hommes de lettres d'un mérite reconnu, liés entre eux par les nœuds de la fraternité, pourvus du même traitement, exerçant les mêmes droits, offrirait sans doute à l'Europe éclairée un spectacle digne de la Bibliothèque nationale et de la République française. La prospérité de l'établissement dépendant surtout du premier choix des conservateurs, ce choix serait fait par les représentants du peuple, amis et protecteurs des sciences, des lettres et des arts, par sentiment autant que par devoir. La surveillance de tous les objets occuperait un nombre de savants proportionné à la nature du service et aux besoins du public. Les délibérations concernant les affaires générales ou particulières seraient prises en commun dans le sein du conservatoire ; un directeur temporaire, élu par ses pairs, présiderait à l'exécution des règlements. Quant aux attributions annuelles relatives au traitement des fonctionnaires, aux dépenses et aux augmentations de la Bibliothèque, le conservatoire les remettrait à un de ses membres, dont la responsabilité en assurerait l'exacte répartition. Je n'ai pas besoin d'ajouter que le pouvoir exécutif porterait sur cette administration républicaine un œil clairvoyant, et que la grandeur du peuple français n'y serait jamais en opposition avec une sage économie.

J'ai parlé d'augmentations. En effet, représentants, je divise en trois classes les livres qu'on ne peut se dispenser d'acheter : 1° les livres imprimés chaque année en France ; 2° les livres imprimés chaque année chez l'étranger ; 3° les livres rares et considérés comme monuments typographiques.

Au sujet des livres des deux premières classes, j'observe qu'il n'est pas question ici de ces avortons littéraires ou scientifiques dans lesquels la raison et le goût sont également insultés : le public en fait une justice prompte et sévère. Il s'agit uniquement d'ouvrages plus ou moins utiles, plus ou moins agréables, plus ou moins connus : ceux-là seuls vont de plein droit à la Bibliothèque nationale ; leur réunion est absolument nécessaire à un établissement de ce genre.

Les livres de la troisième classe ne s'achètent que dans les ventes où la concurrence des bibliomanes ne les fait pas monter à un prix excessif. J'entends par ces livres ceux qu'on recherche soit à cause des gravures et des dessins dont ils sont enrichis, soit à cause des notes marginales faites à la main ou dictées par quelques savants, soit enfin parce qu'ils sont tirés sur vélin, et qu'il n'en reste dans le commerce de la librairie et dans les bibliothèques renommées que très peu ou point d'exemplaires.

Représentants, vous ne devez rien épargner pour compléter la Bibliothèque de la nation en ouvrages de toute espèce. Votre intention, en la protégeant, n'est-elle pas de faciliter aux citoyens nés avec du talent, mais disgraciés de la fortune, les moyens de s'instruire et d'honorer le siècle de la liberté par des écrits lumineux et profonds ?

La nation ne possède pas encore toutes les premières éditions des auteurs classiques, grecs et latins, tirées à petit nombre, et devenues fort rares par une succession de plus de trois cents ans. Déjà quelques unes ont franchi les limites du territoire de la République. Les bibliothèques étrangères, notamment celles d'Angleterre, les regardent comme leur plus bel ornement. La France a peut-être perdu l'espoir de les retrouver. Malheur à quiconque ne sent pas tout le prix des auteurs dont je parle ! « Il faut avoir les reins bien fermes, dit Montaigne, pour entreprendre de marcher front à front avec ces gens-là. » Les premières éditions de leurs ouvrages sont très essentielles à bien des égards ; mais ces sortes d'acquisitions exigent une grande célérité de la part du gouvernement. Les reculer par une fausse économie, c'est en redoubler les difficultés et se condamner à des regrets superflus.

Nous en avons un exemple assez frappant dans la première édition de l'Histoire naturelle de Pline, imprimée à Venise en 1469. En 1769, elle fut vendue 750 liv. à la vente publique de Gaignat. Pensez-vous que la nation l'ait acquise à cette époque ? Point du tout : le duc de la Vallière s'en empara. A la vente de ce dernier, en 1784, la Bibliothèque nationale acheta le même exemplare 1700 livres. Depuis, en 1786, un autre exemplaire, inférieur à celui de la nation, fut porté par un Anglais, à la vente de Camus de Limare, au prix de 3,000 livres.

La nouvelle administration proposée à votre sagesse par votre comite d'instruction publique évitera, dans les acquisitions indispensables, les inconvénients d'une lenteur peu réfléchie et ceux d'une précipitation funeste aux intérêts du peuple. Placée entre ces deux écueils, elle marchera, sous l'œil du pouvoir exécutif, vers le but de l'institution confiée à sa vigilance.

Je dois, en finissant, vous dire un mot touchant les fonds annuels destinés à l'entretien de la Bibliothèque, au paiement de son administration actuelle et à l'achat des livres imprimés ou manuscrits.

En 1787 et 1788, l'ancien gouvernement les avait portés à 130.000 et 140,000 liv. L'Assemblée constituante les réduisit d'abord à 110,000. Bientôt après, elle se convainquit par elle-même de l'insuffisance de ces derniers fonds. En conséquence, elle décréta, au mois de septembre 1791, une somme extraordinaire de 100,000 liv. pour les besoins de l'établissement. L'Assemblée législative, enflammée du même zèle, allait lui fournir le même secours au moment où la Convention nationale lui a succédé. C'est à vous, représentants, qu'est réservée la gloire de raviver la principale source des lumières, dont l'influence doit assurer au peuple la durée de son bonheur et l'anéantissement du régime arbitraire.

Trop long-temps la France, dévorée par des factions qui se disputaient les lambeaux de la monarchie, attendit le gouvernement que vous lui aviez promis. Trop long-temps elle soupira nuit et jour après ce garant de la paix intérieure que six années de sacrifices lui donnaient le droit d'espérer. Vous pourrez enfin remplir son vœu. Poursuivez le cours de vos travaux. Fondateurs de la République française, achevez de déjouer les complots de la tyrannie expirante. Nos frères d'armes ont juré de maintenir le pacte social. Le génie de la liberté a reçu leur serment : ils ne savent que vaincre ou mourir.

Mais, quelque terreur qu'éprouvent nos ennemis à l'aspect de nos phalanges républicaines, ils redoutent bien plus l'extrême rapidité de nos conquêtes dans le vaste domaine de la raison et de la philosophie.

Représentants, on vous l'a dit souvent, le vrai moyen d'affermir un gouvernement libre, c'est de ne rien oublier de ce qui peut accroître la masse des vérités utiles au peuple. Encouragez donc de tout votre pouvoir et conduisez par degrés au plus haut point de perfection tous les établissements consacrés à l'etude des sciences, des lettres et des arts.

Voici le projet de décret que je suis chargé de vous présenter.

II

DÉCRET.

(12 vendemiaire an IV.)

La Convention nationale, après avoir entendu le rapport de son comité d'instruction publique, décrète :

Art. 1er. La place de bibliothécaire de la Bibliothèque nationale est supprimée.

2. Ledit établissement sera désormais administré par un conservatoire composé de huit membres, savoir :

1° Deux conservateurs pour les livres imprimés ;

2° Trois pour les livres manuscrits ;

3° Deux pour les antiques, les médailles et les pierres gravées ;

4° Un pour les estampes.

3. Tous les conservateurs auront les mêmes droits, et recevront le même traitement, qui sera de six mille livres.

4. Il sera nommé dans le sein du conservatoire, et par les conservateurs eux-mêmes, un directeur temporaire, dont les fonctions se borneront à surveiller l'exécution des règlements et délibérations du conservatoire, qu'il présidera. Il correspondra, au nom de tous les conservateurs, avec le pouvoir exécutif, pour les affaires générales qui intéresseront la Bibliothèque nationale.

5. Le directeur sera renouvelé tous les ans. Néanmoins il pourra être continué, mais pour une année seulement.

6. Les attributions annuelles décrétées pour l'établissement seront remises en masse à un membre du conservatoire nommé par ses collègues, pour être réparties sous sa responsabilité.

7. L'administration des différents dépôts et tous les détails relatifs à l'organisation particulière du conservatoire seront l'objet d'un règlement que les conservateurs demeurent chargés de rédiger et de soumettre au pouvoir exécutif.

8. La première nomination des membres du conservatoire sera faite par la Convention nationale, sur la présentation du comité d'instruction publique.

9. En cas de vacance d'une place de conservateur, par mort, démission ou autrement, le conservatoire nommera le savant ou l'homme de lettres qu'il jugera le plus propre à remplir la place vacante.

10. Le conservatoire nommera aux autres places de l'établissement, sur la présentation du conservateur dans la partie duque les places seront vacantes.

11. Il sera affecté, sur les fonds de la trésorerie nationale, une somme de 192,000 livres, tant pour le traitement des conservateurs et des employés que pour les dépenses et augmentations de la Bibliothèque.

III

EXTRAIT DES PROCÈS-VERBAUX

DES SÉANCES DU CONSERVATOIRE DE LA BIBLIOTHÈQUE NATIONALE.

(Troisième séance, 12 brumaire an IV.)

Le trésorier présente le nombre des employés de la Bibliothèque et de leurs traitements.

LIVRES IMPRIMÉS.

2	Conservateurs	à 6,000 fr	12,000 fr.	
1	Employé	à.	3,000	
2	*idem*	à 2,400 fr.	4,800	
4	*idem*	à 2,000 fr.	8,000	
3	Aides	à 1,800 fr.	5,400	
				33,200

MANUSCRITS.

3	Conservateurs	à 6,000 fr.	18,000 fr.	
1	Employé	à.	3,000	
1	*idem*	à.	2,400	
1	*idem*	à.	2,000	
				25,400

ANTIQUES.

2	Conservateurs	à 6,000 fr.	12,000 fr.	
1	Employé	à.	3,000	
1	*idem*	à.	2,400	
1	*idem*	à.	2,000	
				19,400

ESTAMPES.

1	Conservateur	à.	6,000 fr.	
1	Employé	à.	2,400	
1	*idem*	à.	2,000	
				10,400

A reporter. 88,400 fr.

		Report.	88,400 fr.

GAGISTES.

2 Portiers	à 1,000 fr. . . .	2,000 fr.	
1 Portière	à.	400	
Chef de frotteurs et servants aux imprimés		1,200	
3 Frotteurs et servants au même département, à 1,000 fr.		3,000	
1 Frotteur et servant aux manuscrits, à		1,000	
2 Frotteurs et servants aux antiques, à 1,000 fr.		2,000	
1 Frotteur et servant aux estampes, à		1,000	
1 Concierge commissionnaire . . .		800	
			11,400
			99,800 fr.

IV

RÈGLEMENT

POUR LA BIBLIOTHÈQUE NATIONALE.

TITRE PREMIER.

ADMINISTRATION GÉNÉRALE.

Art. 1. D'après la loi du 25 vendémiaire an IV, l'établissement de la Bibliothèque nationale est administré par un Conservatoire et composé de quatre départements, qui sont divisés entre huit membres, lesquels portent le titre de Conservateurs et forment l'administration.

Les départements sont ceux des livres imprimés; des livres manuscrits; des médailles, pierres gravées et antiques; des estampes et planches gravées.

2. Le Conservatoire, aux termes de ladite loi, a la police générale de l'établissement et la nomination de tous les emplois.

3. Il dispose, sous la surveillance du Ministre de l'Intérieur,

des fonds qui sont attribués à l'établissement, soit par la loi, soit par des arrêtés particuliers du Directoire.

4. Si un Conservateur croit nécessaire de faire pour son département quelque règlement spécial, il le soumet au Conservatoire, et le règlement n'a d'effet que quand le Conservatoire l'a approuvé.

5. La police générale de la Bibliothèque consiste à surveiller l'état des bâtiments, l'exactitude du service, le bon ordre dans toutes les parties de l'établissement et la conduite des employés à leur poste.

6. Le Conservatoire s'assemble deux fois par décade : le tridi, à deux heures; le sextidi, à six heures du soir.

7. La séance du soir est consacrée spécialement aux objets qui exigent discussion ou à des conférences littéraires sur les travaux de chaque département.

8. Le bureau du Conservatoire est composé d'un président, d'un secrétaire et d'un trésorier.

9. Conformément à la loi, la présidence appartient à un directeur, qui est renouvelé tous les ans, mais qui peut être continué pour une autre année.

10. Le directeur est chargé de notifier les arrêtés du Conservatoire à ceux qu'ils concernent et d'en surveiller l'exécution; dans les cas urgents, il est autorisé à donner provisoirement les ordres qu'il croit nécessaires, sauf à en référer au Conservatoire dans la plus prochaine assemblée.

11. Le secrétaire et le trésorier du Conservatoire sont élus à la pluralité des voix et choisis dans son sein. Leurs fonctions durent un an; mais, à l'expiration de ce terme, ils peuvent être continués.

12. Le trésorier rend ses comptes à la première séance du soir de chaque trimestre.

13. Les livres, médailles, manuscrits, gravures, et autres objets d'instruction qu'on dépose à la Bibliothèque, en conformité du décret du 19 juillet 1793 (an II de la République), ou qu'on y donne en présents, sont inscrits, dans chaque département, sur

un registre uniquement consacré à cet usage, et destiné à servir, en cas de besoin, de pièce légale et justificative.

14. Aucune des personnes en sous-ordre attachées à l'établissement ne peut être destituée que par un arrêté du Conservatoire. Cependant, si quelqu'une d'entre elles se rendait coupable d'une faute grave, le Conservateur de son département est autorisé à lui en interdire provisoirement l'entrée, jusqu'à ce que le Conservatoire ait prononcé sur son délit.

TITRE II.

DES CONSERVATEURS.

Art. 1. Les Conservateurs, dans leurs départements respectifs, ont la police intérieure et la surveillance immédiate sur les employés.

2. Lorsqu'une place vient à vaquer dans un des quatre départements, les Conservateurs de ce département présentent au Conservatoire la personne qu'ils croient propre à la remplir. La nomination appartient au Conservatoire.

3. Quand les Conservateurs reçoivent des lettres ministérielles ou autres concernant leur département, ils en donnent communication au Conservatoire, et en tiennent un état exact et circonstancié, pour pouvoir y recourir au besoin.

4. Aucun d'eux n'a le droit d'ordonner une dépense particulière sur les fonds de la Bibliothèque sans en avoir référé au Conservatoire, ou sans lui en rendre compte dans le plus bref délai, si l'objet a été urgent.

TITRE III.

DES DÉPARTEMENTS.

Art. 1. Tous les jours, excepté le décadi, la Bibliothèque est ouverte aux travailleurs depuis dix heures jusqu'à deux ; mais elle ne l'est pour les curieux que les 3, 6, 9 de chaque décade, aux mêmes heures.

2. La conservation, la propreté et la bonne tenue des objets d'instruction qui forment les quatre départements de la Bibliothèque, exigeant des soins particuliers et des travaux intérieurs qui deviennent incompatibles avec le service public, il est pris un temps dans l'année pour revoir les tablettes et portefeuilles, pour battre et épousseter les livres, recoller les estampes, etc. En conséquence, la Bibliothèque est fermée depuis le 15 fructidor jusqu'au 15 vendémiaire inclusivement.

TITRE IV.

POLICE INTÉRIEURE DES DÉPOTS.

Art. 1. Les citoyens admis dans les salles pour travailler ne doivent ni s'y promener, ni causer, ni rien faire qui puisse distraire les travailleurs.

2. Ceux d'entre eux qui désirent la communication de quelque objet ne doivent point aller le prendre eux-mêmes dans les armoires, tablettes ou portefeuilles, ni en faire la recherche dans les catalogues; ils s'adressent directement au Conservateur pour l'avoir et le lui remettent après s'en être servi. Les personnes qui n'ont à demander aucun objet déterminé ne peuvent chercher et prendre ceux qui se trouvent déposés sur le bureau du Conservateur.

3. Les Conservateurs ne communiquent qu'un seul objet à la fois, et, pour les ouvrages imprimés ou manuscrits, que deux tout au plus.

4. Les volumes in-8° et d'un format plus petit ne sont donnés au public qu'au bureau des Conservateurs.

5. Une demi-heure avant la clôture de la salle, on ne communique plus rien.

6. Chaque citoyen, en sortant, remet au Conservateur les livres et autres objets qui lui ont été communiqués.

7. Les objets d'instruction qui composent les quatre dépôts étant une des portions les plus précieuses des propriétés nationales, tout citoyen ne doit s'en servir qu'avec les plus grandes

précautions. De leur côté, les Conservateurs, ainsi que les personnes attachées à l'établissement, doivent veiller avec soin à ce qu'ils ne soient ni soustraits ni dégradés.

8. En conséquence, celui d'entre eux qui, dans le département des antiques, montre des médailles, des pierres gravées, etc., ne permet à aucun des regardants d'y toucher. Il se fait même accompagner, pendant sa démonstration, d'une autre personne du département, pour que celle-ci exerce la surveillance nécessaire.

9. Les citoyens sont tenus de placer le papier sur lequel ils écrivent à côté du livre ou du portefeuille qui leur est prêté, afin d'éviter le danger d'y répandre de l'encre.

10. Ceux à qui on communique un recueil d'estampes ont également soin non seulement de ne point dessiner sur le recueil, mais encore de n'y laisser tomber ni mie de pain, ni poussière de crayon.

11. Le calque pouvant endommager les gravures d'un livre ou les estampes communiquées, il est défendu expressément de calquer.

12. Sous quelque prétexte que ce soit, on n'introduit dans les salles ni feu, ni lumière.

13. Aucune des personnes attachées à l'établissement ne se permet de copier ou faire copier, extraire, traduire, dessiner, à prix d'argent, les ouvrages ou monuments de l'art qui sont dans les divers dépôts.

TITRE V.

DES EMPLOYÉS ET DES AIDES.

Art. 1. Les employés et les aides sont sous la surveillance immédiate des Conservateurs du département auquel ils sont attachés.

2. Ils sont tenus de se rendre régulièrement à leur poste tous les jours, à neuf heures précises, et d'y rester jusqu'à trois.

3. On tient dans chaque département une feuille de présence, sur laquelle ils inscrivent leur nom chaque jour en entrant. Le Conservateur tire la barre à neuf heures et demie précises.

4. Ces feuilles sont remises au Conservatoire à la première séance du soir de chaque mois.

5. Aucun employé ni aide ne peut s'absenter sans la permission des chefs. S'il est retenu chez lui pour cause de maladie ou s'il est de garde, il a soin de les en prévenir.

6. En hiver, afin que le service n'éprouve point d'interruption, ils ne descendent au bureau, pour se chauffer, qu'alternativement.

7. Tous, dans leurs départements respectifs, s'occupent, exclusivement et sans distinction, de tout ce qui concerne le service public, à moins qu'ils ne soient chargés d'un travail particulier par le Conservateur.

8 Ils sont en outre tenus de faire observer les articles de police intérieure détaillés ci dessus, et spécialement de surveiller avec la plus grande attention les personnes auxquelles ils ont confié quelque livre, recueil, carton, etc.

9. Pour mieux remplir leurs fonctions de surveillance et de service, ils s'abstiennent, pendant le temps des séances, de toute lecture et travaux particuliers.

10. Ils ne communiquent aucun livre, manuscrit ou estampe, sans l'aveu du Conservateur.

11. A la fin de chaque séance, ou le lendemain matin avant l'ouverture publique des salles, ils remettent en place les livres et objets qui ont été communiqués.

12. Ceux du département des antiques n'ouvrent aucune armoire sans l'agrément d'un des Conservateurs.

13. Les employés n'emportent chez eux aucun objet du département auquel ils sont attachés, tels que livres, manuscrits, gravures, etc.

14. Les aides, indépendamment du service public, sont chargés encore d'estampiller, de numéroter et de placer les volumes; de coller les étiquettes sur le dos des livres et d'inspecter dans l'occasion les travaux des garçons de service.

TITRE VI.

DES GARÇONS DE SERVICE.

Art. 1. Les travaux des garçons de service sont de frotter les salles du département auquel ils sont attachés, d'entretenir la propreté dans le dépôt ainsi que dans le bureau, et de surveiller, pendant le temps des séances publiques, les lecteurs et les curieux. Si leurs chefs respectifs ont quelque ordre à leur donner pour les détails du service, ils l'exécutent. Enfin, quand il y a pour un département quelconque un travail de peine à faire, tous indistinctement y contribuent.

2. Ceux du département des antiques ne vaquent à leurs travaux qu'en présence d'un Conservateur ou d'un employé.

3. Les jours publics tous les garçons de service se rendent à leur poste. Les autres jours, il y a régulièrement un d'eux dans chaque département.

4. Un d'entre eux est chargé, sous l'inspection du trésorier, des fournitures nécessaires pour le frottage, la propreté et l'entretien des bureaux.

5. Il leur est défendu, ainsi qu'aux portiers, de recevoir aucune gratification des personnes que la curiosité ou l'amour de l'instruction attire à la Bibliothèque.

TITRE VII.

DES PORTIERS.

Art. 1. Les portiers surveillent exactement les personnes qui entrent et qui sortent.

2. En aucun temps ils ne laissent sortir ni livre, ni carton, etc., sans un laissez-passer signé d'un Conservateur.

3. La porte sur la rue des Petits-Champs est fermée tous les jours pendant toute la journée.

4. Celle de la rue de la Loi étant destinée au service public, elle est ouverte tous les jours depuis dix heures du matin jusqu'à deux.

5. Le portier chargé de celle-ci se tient, autant qu'il lui est possible, en dehors de son logement depuis l'ouverture de la Bibliothèque jusqu'à la clôture, mais particulièrement une demi-heure avant la fermeture.

6. Tous les soirs cette porte est fermée à neuf heures, et le portier ne l'ouvre plus alors que dans un cas urgent.

7. Il est chargé spécialement de la surveillance du réservoir, et il a soin qu'il s'y trouve toujours une quantité d'eau suffisante, soit pour les besoins de l'établissement, soit pour les secours en cas d'incendie dans le voisinage.

Approuvé par le Ministre de l'intérieur, le 12 fructidor an IV.

Signé BENEZECH.

V

MINISTÈRE DE L'INTÉRIEUR.

Paris, le 1er vendémiaire an IX de la République.

LE MINISTRE DE L'INTÉRIEUR arrête :

Art. 1er. A dater de ce jour, il sera attaché à chaque établissement public un administrateur *personnellement comptable et responsable* de toutes les recettes et de toutes les dépenses pour quelque partie de l'établissement que ce soit. Les paiements ne pourront s'effectuer que par lui ou d'après ses ordres, et ses quittances seront nécessaires pour régulariser les recettes.

2. L'architecte nommé par le ministre pour chaque établissement ne pourra prescrire ni entreprendre aucun travail que d'après l'ordre par écrit qu'il en aura reçu de l'administrateur, lequel devra lui-même prendre ceux du ministre ; il ne pourra non plus, sous aucun prétexte, s'écarter du plan qui aura été arrêté.

3. Toutes les demandes, les propositions relatives à l'adminis-

tration, à l'entretien des bâtiments, aux constructions, seront adressées au ministre par l'administrateur.

4. Chaque administrateur rendra compte par écrit, tous les mois, au ministre, de la situation de l'établissement qui lui est confié, et il fera les demandes qu'il jugera nécessaires, de manière que le ministre reçoive dans la première quinzaine de chaque mois les propositions pour le mois suivant.

Signé L. BONAPARTE.

Pour copie conforme :

Le secrétaire général,

F. DESPORTES.

VI

Paris, le 28 vendémiaire an IX de la République française.

LE MINISTRE DE L'INTÉRIEUR, en exécution de son arrêté du 1er vendémiaire, arrête :

Art. 1er. Le citoyen Capperonnier est nommé administrateur de la Bibliothèque nationale.

2. Les citoyens Van Praet, Langlès, Dutheil, Legrand, Millin, Gosselin et Joly, sont nommés membres du conseil ;

Le citoyen Van Praet est spécialement chargé de la garde des livres imprimés ;

Le citoyen Langlès, de la garde des manuscrits;

Le citoyen Millin, de la garde des médailles antiques et pierres gravées ;

Le citoyen Joly, de la garde des estampes et dessins.

3. L'administrateur est seul responsable et seul chargé de la correspondance avec le ministre et de l'exécution des ordres du gouvernement, conformément à l'arrêté du 1er vendémiaire. Il

ne consulte les membres du conseil que pour ce qui est relatif aux objets d'art ou de science dont il est chargé; mais ce conseil est entièrement étranger à l'administration et à l'emploi des fonds accordés à l'établissement.

4. Le citoyen Capperonnier remettra au ministre, dans la décade, un état sommaire des objets d'art ou de science confiés à sa garde, et il procédera sans délai à la confection des catalogues ou inventaires. Les membres du conseil l'aideront dans ce travail.

5. L'administrateur arrêtera, dans la décade, les comptes de l'administration précédente, et il fera passer au ministre, dans le même délai, un état exact et certifié des sommes dues par l'établissement, en les distinguant par nature d'objets et par date.

6. Il présentera au ministre, dans le délai d'un mois, ses vues sur les changements à apporter au régime intérieur de l'établissement, sur les économies à faire dans toutes ses parties; il y joindra un état des dépenses nécessaires pour terminer les travaux commencés ou pour faire ceux qui sont rigoureusement indispensables.

7. L'administrateur, les membres du conseil et les employés attachés à la Bibliothèque nationale jouiront provisoirement des traitements qui leur sont assignés.

Le ministre de l'intérieur,

Signé LUCIEN BONAPARTE.

Pour extrait conforme :

Le secrétaire général,

Signé DESPORTES.

VII

Paris, le 1er frimaire an IX de la République française, une et indivisible.

LE MINISTRE DE L'INTÉRIEUR,

A l'administrateur de la Bibliothèque nationale.

J'ai vu, citoyen, par les lettres qui me sont parvenues, que dans presque tous les établissements publics confiés à ma surveillance on a mal interprété l'arrêté du 1er vendémiaire, et c'est pour le rétablir dans son vrai sens, et dissiper l'inquiétude qu'il a fait naître, que j'entrerai avec vous dans quelques détails.

Les hommes les plus distingués par leurs talents, comme les plus recommandables par leurs vertus, sont placés, sans doute, à la tête de tous nos établissements publics, tels que bibliothèques, muséums, écoles, etc.; mais l'administration de ces mêmes établissements, partie importante de leur conservation et de leur prospérité, n'était essentiellement confiée à personne. Le gouvernement, qui répond à la nation de tous les dépôts précieux qu'elle lui a confiés, n'a eu jusqu'à ce moment qu'une connaissance imparfaite des richesses qu'ils renferment. Tous les professeurs ou artistes attachés à un établissement, uniquement occupés de leurs études, abandonnaient à la conduite du seul architecte les constructions et réparations qu'il jugeait nécessaires. L'instruction était partout, l'administration n'était nulle part; et c'est pour obvier à cet inconvénient et compléter le régime de tous les établissements confiés au ministre de l'intérieur qu'a été pris l'arrêté du 1er vendémiaire.

Mais le ministre, en confiant l'administration à un seul homme, n'a pas eu l'intention de donner un maître ou un supérieur aux savants qui sont attachés à l'établissement; il n'a pas prétendu isoler ou rendre étrangers au régime de l'établissement les hommes qui, jusqu'à ce jour, en avaient partagé l'administration. Il respecte et désire cimenter les liens de fraternité qui les unissent;

il suppose donc que tous formeront un conseil pour délibérer sur tout ce qui intéresse le bien de l'établissement; que l'administrateur ne portera au ministre que le vœu de ses collègues, et qu'il fera connaître à ses collègues les décisions du ministre.

L'administrateur est donc l'organe du conseil auprès du gouvernement, et l'organe du gouvernement auprès du conseil. Il provoque l'avis de ses collègues, prend la décision du ministre et surveille l'exécution de tout ce qui est arrêté.

Ce régime, déjà existant dans plusieurs établissements, n'a pas peu contribué à leur prospérité ; on lui a reconnu l'avantage de prévenir toute confusion et d'allier l'économie à la régularité du service.

Mais les soins pénibles de l'administration deviendraient un fardeau trop pesant pour la même personne, ils nuiraient trop essentiellement à la continuité de ses études, si elle ne passait pas successivement sur toutes les têtes. Le ministre pense donc que l'administration doit changer de mains chaque année, et il espère que tous se feront un devoir d'en partager le fardeau.

D'après ces considérations, le ministre rapporte tout ce qui pourrait y être contraire dans les arrêtés des 1er et 28 vendémiaire.

Je vous adresse à vous-même cette lettre, citoyen administrateur, parce que je sais combien il sera doux pour vous-même de calmer les inquiétudes de quelques uns de vos collègues, avec lesquels vous désirez conserver sans altération ces rapports d'une sincère amitié et de cette douce fraternité qui vous ont unis jusqu'ici.

Je vous salue.

Chaptal.

VIII

Paris, le 13 pluviôse an XII.

LE MINISTRE DE L'INTÉRIEUR, arrête :

Art. 1. A compter du 15 pluviôse an XII, les conservateurs de la Bibliothèque nationale, chacun dans la partie à laquelle il est attaché, feront les démarches nécessaires pour faire réintégrer dans cet établissement les livres imprimés, les manuscrits, les médailles, les estampes et tous autres objets qui en auraient été extraits pour être prêtés à quelques particuliers quels qu'ils soient.

2. A l'avenir, les objets mentionnés en l'article précédent ne seront consultés qu'au sein même de la Bibliothèque. Les conservateurs n'en confieront aucun, sous quelque prétexte que ce soit, pour être transporté au dehors.

Le ministre de l'intérieur,

Signé CHAPTAL.

IX

Paris, le 9 ventôse an XII de la République.

LE MINISTRE DE L'INTÉRIEUR,

Au citoyen Gossellin, administrateur de la Bibliothèque nationale, rue de la Loi.

En prenant l'arrêté du 13 pluviôse, citoyen administrateur, mon intention n'a pas été de priver les savants et autres personnes très connues des secours que leur offre la Bibliothèque nationale, et vous remplirez mes intentions en continuant à confier les livres dont la garde et la conservation vous sont confiées aux autorités constituées, sur la demande spéciale des personnes qui les président; aux savants connus, qui s'occupent d'ouvrages pour lesquels il est essentiel de faire des recherches considérables, qui ne peuvent avoir lieu dans le local de la Bibliothèque.

Je vous recommande à cet égard beaucoup de discrétion, et d'avoir soin que les ouvrages soient réintégrés exactement dans la Bibliothèque, aussitôt qu'ils ne seront plus utiles aux personnes à qui ils seront confiés.

Je vous salue.

Signé Chaptal.

X

Paris, le 9 janvier 1813.

LE MINISTRE DE L'INTÉRIEUR, COMTE DE L'EMPIRE,

A M. Dacier, administrateur de la Bibliothèque impériale.

Monsieur, je vous adresse copie de l'arrêté que j'ai pris le 7 de ce mois sur les mesures à observer dans les Bibliothèques de Paris pour les prêts de livres de ces établissements, et pour le recensement qui devra être fait chaque année à l'époque des vacances. Je vous invite à en suivre l'exécution.

Recevez, etc.

Signé Montalivet.

MINISTÈRE DE L'INTÉRIEUR.

LE MINISTRE DE L'INTÉRIEUR, COMTE DE L'EMPIRE,

Décide ce qui suit :

Art. 1. Les prêts de livres des Bibliothèques publiques de Paris ne pourront dorénavant avoir lieu qu'avec les formalités indiquées dans les articles qui suivent.

2. Aucun prêt ne pourra être fait qu'à des personnes rem-

plissant des fonctions éminentes, ou se livrant à des études d'une utilité reconnue.

3. Toutes demandes d'emprunter des livres devront être adressées à l'administrateur de chacune des Bibliothèques, et par écri.

4. Ces demandes seront transmises par l'administrateur au ministre de l'intérieur, avec une proposition d'accorder ou de refuser.

Le ministre prononcera.

5. L'autorisation de prêter des livres à une personne ne sera limitée ni pour le temps ni pour le nombre d'ouvrages. Le lecteur une fois admis à jouir de cette prérogative pourra demander successivement, et à telle époque qu'il jugera convenable, les livres dont il aura besoin.

Cette autorisation sera susceptible toutefois d'être révoquée sur l'avis des administrateurs.

6. Les livres prêtés ne pourront être remis qu'à l'emprunteur lui-même ou à un tiers qu'il aura fait reconnaître, et dont il répondra.

7. Le récépissé que donnera l'emprunteur devra toujours contenir l'engagement pris par celui-ci de rendre en un temps déterminé l'ouvrage emprunté.

8. Il sera tenu dans chaque Bibliothèque un registre, où seront inscrits dans des colonnes distinctes, d'une part, les livres prêtés avec le nom des emprunteurs, la date du prêt, le jour fixé pour la rentrée à la Bibliothèque; de l'autre part, la date de la remise. Une colonne sera réservée pour marquer l'état du livre remis.

9. Les personnes à qui des livres auraient été confiés et qui ne pourraient les rendre ou ne les rendraient qu'en mauvais état seraient tenues de les remplacer à leurs frais.

10. Les administrateurs seront responsables des livres qui pourront se perdre parce que les formalités ordonnées n'auront pas été remplies.

11. Les livres rares, les éditions de luxe, celles du XVe siècle,

les collections ou parties de collections considérables, les livres de gravures et autres de cette espèce, ne seront jamais prêtés au dehors.

12. Aucuns manuscrits ne seront communiqués, copiés et publiés sans une autorisation expresse du ministre de l'intérieur ou du ministre des relations extérieures, selon que ces manuscrits traiteront de matières intéressant l'un ou l'autre de ces départements, ainsi qu'il est prescrit par un décret impérial du 20 février 1809.

13. Tous les ans, à l'époque des vacances, il sera fait dans chaque Bibliothèque un recensement général de tous les ouvrages de la Bibliothèque.

14. Chacun des administrateurs rendra compte au ministre de l'intérieur des différences ou de la parfaite exactitude de ce recensement comparé à l'inventaire.

15. Egalement à l'époque des vacances auront lieu les précautions, les soins, battues et tous les nettoiements nécessaires à la conservation matérielle des livres et manuscrits.

Paris, le 7 janvier 1813.

Pour ampliation :
Signé Montalivet.

XI

CHARLES, par la grâce de Dieu, roi de France et de Navarre ;

A tous ceux qui ces présentes verront, salut.

Sur le compte qui nous a été rendu par notre ministre secrétaire d'état au département de l'intérieur du mode actuel d'administration de notre Bibliothèque royale ;

Voulant assurer pour l'avenir, dans cet important service, la régularité et l'économie nécessaires.

Nous avons ordonné et ordonnons ce qui suit :

La Bibliothèque du roi est composée de cinq départements :

1° Des livres imprimés ;

2° Des manuscrits, chartes et diplômes ;

3° Des médailles, pierres gravées et antiques ;

4° Des estampes ;

5° Des cartes géographiques et plans.

A l'avenir, chacun de ces départements sera confié à un seul conservateur-administrateur, nommé par nous sur le rapport de notre ministre de l'intérieur. Jusqu'à ce que le nombre des conservateurs actuellement existants soit, par suite d'extinction, réduits à un par département, il ne sera pas fait de nominations nouvelles.

Les cinq conservateurs dont il est parlé ci-dessus composent seuls le conseil d'administration, qui prendra le titre de *Conservatoire de la Bibliothèque du roi.*

Le Conservatoire a la police générale de l'établissement, la présentation par une liste triple de candidats aux places de conservateurs, et la nomination à tous les emplois inférieurs, sauf l'approbation de notre ministre de l'intérieur ; de plus il dispose, sous la surveillance du même ministre, des fonds attribués à la Bibliothèque, soit par la loi de finances, soit par des décisions particulières du ministre.

Le Conservatoire nomme chaque année, dans son sein, un président qui pourra être réélu pour une seconde année seulement. Le président correspond au nom du Conservatoire pour tous les besoins du service.

Il pourra être attaché à chaque département, selon la nature ou l'étendue du travail, un ou plusieurs conservateurs-adjoints, qui ne feront pas partie du conseil d'administration, et seront nommés par notre ministre de l'intérieur, sur une liste de trois candidats présentés par le Conservatoire.

Notre ministre de l'intérieur est chargé de faire tous les règlements nécessaires en ce qui concerne l'administration générale, le service public et la police intérieure de l'établissement.

Donné en notre château des Tuileries, le 2 novembre de l'an de grâce mil huit cent vingt-huit, et de notre règne le cinquième.

Signé CHARLES.

Par le roi :

Le ministre secrétaire d'état au département de l'intérieur,

Signé DE MARTIGNAC.

Pour copie conforme :

Le conseiller d'état, secrétaire général du ministère de l'intérieur,

Signé DE BALZAC.

XII

MINISTÈRE DE L'INTÉRIEUR.

Nous, ministre secrétaire d'état au département de l'intérieur;

Vu l'article 6 de l'ordonnance royale du 2 novembre 1828, qui nous charge de faire tous les règlements nécessaires en ce qui concerne l'administration générale, le service public et la police intérieure de la Bibliothèque du roi,

Nous avons arrêté et arrêtons ce qui suit :

TITRE I.

ADMINISTRATION GÉNÉRALE.

Art. 1. Le bureau de l'administration de la Bibliothèque est composé d'un président, d'un vice-président et d'un secrétaire.

2. Le président, le vice-président et le secrétaire de l'administration, sont élus à la majorité des voix dans la première séance de l'année. Leurs fonctions durent un an. A l'expiration de ce terme, ils sont rééligibles pour une autre année seulement.

3. Le président est chargé de tenir la correspondance avec le

ministre, de lui transmettre les actes et les décisions de l'administration, qui ont besoin de son approbation; il est chargé de plus de notifier les arrêtés de l'administration à ceux qu'ils concernent, et d'en surveiller l'exécution. Dans les cas d'urgence, il est autorisé à donner provisoirement, dans le cercle des attributions de l'administration, les ordres qu'il croit nécessaires, sauf à en rendre compte dans la plus prochaine assemblée.

4. Le président rend compte à l'administration, dans la première séance de chaque mois, de l'état et de l'emploi des fonds alloués à l'administration.

5. Il n'est fait aucune dépense dans aucun département de la Bibliothèque sans qu'elle ait été discutée et approuvée par l'administration et visée par le président.

6. Cette dépense est soumise à l'approbation du ministre, après avoir été discutée et approuvée par l'administration, comme il est dit à l'article précédent.

7. Le président, ou, à son défaut, le vice-président, est chargé de faire dresser les états des comptes, de recevoir les fonds et d'effectuer les paiements.

8. L'administration s'assemble une fois par semaine; en cas d'urgence, elle est convoquée extraordinairement.

9. Le secrétaire tient un procès-verbal de chaque délibération de l'administration et le transcrit sur un registre à cet usage. Chaque procès-verbal sera signé par le président et par le secrétaire.

10. Aucune des personnes en sous-ordre attachées à l'établissement ne peut être destituée que par une délibération de l'administration, qui sera soumise à l'approbation du ministre. Cependant, si quelque employé se rendait coupable d'une faute grave, le conservateur de son département est autorisé à lui en interdire provisoirement l'entrée et à en rendre compte à l'administration.

11. Les conservateurs, dans leurs départements respectifs, ont la police intérieure et la surveillance générale du service; ils prescrivent aux employés les travaux qui sont jugés nécessaires.

TITRE II.

SERVICE PUBLIC.

Art. 1. Tous les jours, excepté le dimanche et les jours fériés, la Bibliothèque est ouverte pour l'étude depuis dix heures jusqu'à deux; mais elle ne l'est, pour les curieux, que les mardi et vendredi de chaque semaine, aux mêmes heures.

2. La conservation et la bonne tenue des objets d'instruction qui forment les cinq départements de la Bibliothèque exigeant des soins particuliers et des travaux intérieurs qui deviennent incompatibles avec le service public, il est pris un temps dans l'année pour faire une revue générale des portefeuilles et médailles, pour battre et épousseter les livres, recoller les estampes, etc. En conséquence, la Bibliothèque est fermée depuis le 1er septembre jusqu'au 15 octobre exclusivement.

3. Les conservateurs, chacun dans son département, sont responsables des objets appartenant à la Bibliothèque qui seront prêtés au dehors

4. Aucun des objets appartenant au cabinet des médailles ne pourra être prêté au dehors. Cette disposition s'applique également aux estampes, cartes et plans, ainsi qu'aux manuscrits remarquables par leur antiquité, leur importance ou leur singularité.

5. Dans le département des livres imprimés, ne pourront être prêtés au dehors les livres rares, de luxe ou à estampes, les livres du XVe siècle, ou imprimés sur vélin ou tirés sur grand papier, les livres élémentaires et les livres usuels.

6. Toute demande relative au prêt des manuscrits devra être soumise à l'administration, qui en délibérera.

7. Les savants étrangers, pendant leur séjour à Paris, ne pourront emprunter un manuscrit que sous la caution formelle et par écrit de l'ambassadeur de la puissance de laquelle ils sont sujets.

8. Aucun manuscrit ne pourra être prêté pour plus de trois mois.

9. Il ne pourra être prêté à une même personne qu'un seul manuscrit à la fois. Les exceptions à cet article seront déterminées par l'administration.

10. Tous les manuscrits prêtés, sans exception et depuis quelque époque qu'ils aient été empruntés, devront être remis ou tout au moins représentés chaque année à l'établissement pour l'époque des vacances, c'est-à-dire avant le 1er septembre.

11. Il ne pourra jamais être prêté à une même personne plusieurs ouvrages à la fois, si ce n'est dans des cas particuliers, sur lesquels l'administration délibérera.

12. Il ne pourra être prêté de livres imprimés pour plus de six mois; et, quelle que soit l'époque du prêt, ils devront être remis chaque année avant l'époque des vacances.

13. Les conservateurs des deux départements des manuscrits et des livres imprimés, les seuls où le prêt au dehors puisse avoir lieu, sous les conditions prescrites dans les articles précédents, tiendront un registre exact des livres prêtés, avec la date du prêt, le nom et la demeure de l'emprunteur.

TITRE III.

POLICE INTÉRIEURE DES DÉPARTEMENTS.

Art. 1. Les personnes admises dans les salles pour travailler ne doivent ni s'y promener, ni causer, ni rien faire qui puisse distraire les travailleurs.

2. Les personnes qui désirent la communication de quelque objet ne doivent point aller le prendre elles-mêmes dans les armoires, tablettes ou portefeuilles, ni en faire la recherche dans les catalogues; elles s'adressent directement au conservateur pour l'avoir, et le lui remettent après s'en être servi Les personnes qui n'ont à demander aucun objet déterminé ne peuvent chercher et prendre ceux qui se trouvent déposés sur le bureau du conservateur.

3. Les conservateurs ne communiquent qu'un seul objet à la fois; et pour les ouvrages imprimés ou manuscrits, que deux tout au plus.

4. Les volumes in-8° et d'un format plus petit ne sont donnés au public qu'au bureau des conservateurs.

5. Une demi-heure avant la clôture de la salle, on ne communique plus rien.

6. Chaque personne, en sortant, remet au conservateur les livres ou autres objets qui lui ont été communiqués.

7. Les conservateurs doivent veiller avec soin à ce que les objets d'instruction qui composent les cinq départements et qui sont communiqués au public ne soient ni soustraits ni détériorés.

8. Les travailleurs sont tenus de placer le papier sur lequel ils écrivent à côté du livre ou du portefeuille qui leur est prêté.

9. Ceux à qui on communique un recueil d'estampes ne devront pas placer sur le recueil le papier dont ils se servent pour dessiner.

10. Le calque pouvant endommager les gravures d'un livre ou les estampes, les vignettes et miniatures des manuscrits communiqués, il est défendu expressément de calquer.

11. Sous quelque prétexte que ce soit, on n'introduit dans les salles ni feu ni lumière.

12. Aucune des personnes attachées à l'établissement ne pourra copier ou faire copier, traduire, dessiner les ouvrages ou monuments de l'art qui sont dans les divers dépôts, sans l'agrément du conservateur.

TITRE IV.

DES EMPLOYÉS.

. . . .

. . . .

. . . .

TITRE V.

DES GARÇONS DE SERVICE ET SUISSES.

Art. 1. Les garçons de service sont chargés, sous les ordres des conservateurs et sous la surveillance des employés, de tous les soins et travaux relatifs à la propreté dans les divers départements auxquels ils sont attachés. Quand il y a, pour un département quelconque, un travail de peine à faire, tous indistinctement y contribuent.

2. Les garçons de service ne vaquent à leurs travaux qu'en présence d'un conservateur ou d'un employé.

3. Tous les jours où la Bibliothèque est ouverte, tous les garçons de service se rendent à leur poste et ils y restent pendant toute la durée de la séance.

4. Il leur est défendu, ainsi qu'aux suisses, de recevoir aucune gratification des personnes que la curiosité ou l'amour de l'instruction attire à la Bibliothèque.

5. Les suisses surveillent attentivement les personnes qui entrent et qui sortent; et, en aucun temps, ils ne laissent sortir ni livre, ni carton, etc., sans un *laissez-passer* signé d'un conservateur.

6. La porte royale, rue de Richelieu, étant destinée au service public, est ouverte tous les jours, depuis dix heures du matin jusqu'à deux.

7. Le suisse de la porte royale se tient en dehors de son logement depuis l'ouverture de la Bibliothèque jusqu'à la clôture, mais particulièrement une demi-heure avant la fermeture.

8. La grille intérieure, qui communique de la cour du petit hôtel de la Bibliothèque à la Bibliothèque, est fermée tous les jours pendant toute la journée.

9. La porte sur la rue Neuve-des-Petits-Champs est également fermée tous les jours pendant toute la journée.

10. Le suisse de la porte royale est chargé spécialement de la surveillance du réservoir, et il a soin qu'il s'y trouve toujours une

quantité d'eau suffisante, soit pour les besoins de l'établissement, soit pour les secours en cas d'incendie dans le voisinage.

11. Il est établi, près de la porte royale, un dépôt gratuit de cannes, armes et parapluies.

12. Le présent règlement sera adressé au Conservatoire de la Bibliothèque du roi, pour recevoir son exécution à compter du 1er janvier 1829.

Paris, le 31 décembre 1828.

Signé DE MARTIGNAC.

Pour ampliation :

Le conseiller d'état, secrétaire général du ministère de l'intérieur,

Signé Baron DE BALZAC.

XIII

RAPPORT AU ROI.

SIRE,

Tous les bons esprits sont frappés, depuis long-temps, des inconvénients que présente l'organisation actuelle de la Bibliothèque royale, des abus qu'elle fait naître ou qu'elle ne prévient pas, et de la nécessité d'y porter enfin remède.

La cause du mal, on ne peut se le dissimuler, est dans la constitution même de la Bibliothèque, et dans certaines dispositions du décret du 25 vendémiaire an IV, qui la régit encore aujourd'hui. Ce décret, rendu par la Convention à une époque où tous les pouvoirs étaient confondus, contient en même temps des principes dont on ne peut méconnaître l'autorité légale, et des dispositions qui, ne se rapportant qu'à l'état où se trouvait ce vaste établissement lorsqu'elles furent décrétées, sont purement administratives, quelquefois même simplement réglementaires.

Les principes doivent rester intacts ; les dispositions administratives et réglementaires doivent suivre les variations inévitables que le temps amène avec lui.

Depuis l'époque où la Bibliothèque fut constituée, le gouvernement lui-même a changé ; les principes de la liberté ont été garantis par des institutions nouvelles, la responsabilité ministérielle a été fondée : c'est donc une conséquence et l'une des plus précieuses garanties du gouvernement sous lequel nous vivons aujourd'hui, que les administrations spéciales soient partout mises en rapport avec l'administration générale dont elles relèvent. L'administration de la Bibliothèque royale échappe encore, par son ancienne institution, à cette règle d'ordre public. Le décret de l'an IV a établi dans son sein un Conservatoire composé de huit membres, tous investis de droits égaux, et chargés, en même temps, de la conservation du dépôt et des soins de l'administration. Un directeur annuel, choisi parmi eux, préside à l'exécution des règlements, et correspond au nom du Conservatoire, avec l'autorité supérieure. Cette administration collective, isolée et indépendante dans tous ses actes, est, en quelque sorte, détachée du pouvoir central de l'État : elle gère à elle seule toutes les affaires intérieures de la Bibliothèque ; elle dispose de l'avancement des employés, des fonds portés au budget de l'établissement, des logements affectés aux divers fonctionnaires, des objets mêmes qui font partie du dépôt. Et de là doivent naître et sont nés, en effet, des abus qui ont nui grandement au service public, aux intérêts permanents de la Bibliothèque elle-même, et contre lesquels l'autorité supérieure n'a aucun moyen de mettre sa responsabilité en sûreté.

Toutefois, il est juste de le dire, cette institution même du Conservatoire, dont l'expérience a fait sentir les inconvénients, présente des avantages qu'on ne peut méconnaître et qu'il importe de conserver ; la participation aux affaires de la Bibliothèque qu'elle accorde à tous les conservateurs, l'espèce de publicité qui en est la conséquence, et, par-dessus tout, le principe de l'élection intervenant dans la nomination des membres du Conservatoire, ont préservé la Bibliothèque royale des nominations arbitraires, qui ont été si nuisibles aux autres établissements de même nature ; ils ont maintenu dans son régime financier des habitudes d'ordre qui ont contribué à la prospérité de ce vaste établissement. Mais cette administration, protégée par ces conditions de sa constitution contre les erreurs et les caprices de l'autorité supérieure, a besoin d'entrer en relation intime avec elle, pour en recevoir cette force et cette unité de direction sans laquelle il ne peut exister qu'anarchie et confusion.

Telle est la question qu'il faut résoudre aujourd'hui, et déjà elle a été examinée avec toute l'attention qu'elle réclame. Une commission, composée, par les soins du gouvernement, des hommes les plus éclairés et les plus honorables, a exécuté, en 1831, sous la présidence de M. le baron Cuvier, un long et important travail sur l'état actuel des bibliothèques et particulièrement de la Bibliothèque royale ; elle a proposé, dans un rapport rédigé par M. Prunelle, membre de la chambre des députés, les moyens qui lui ont semblé les plus propres à amener une situation meilleure. C'est après avoir écouté tous les avis, vérifié tous les faits, discuté toutes les opinions, que je viens soumettre à Votre Majesté des idées auxquelles je me suis arrêté avec d'autant plus de confiance, qu'elles sont conformes, sur presque tous les points, aux vues de la commission.

Sire, je ne vous proposerai point de dissoudre le Conservatoire, en laissant chaque conservateur aux travaux spéciaux de son département, et en remettant aux mains d'un chef unique tous les soins et tous les pouvoirs administratifs. Cette mesure, qui semble, au premier coup d'œil, la plus simple et la plus facile de toutes, est de toutes aussi, celle qui a le plus souvent été projetée et abandonnée. Je n'hésite point à la rejeter, parce qu'elle ne tarderait pas à causer à l'établissement de notables dommages, parce qu'elle le priverait de tous les avantages que lui assure l'institution du Conservatoire ; parce qu'elle violerait, enfin, les principes de la loi de l'an IV, qui sont ceux de la liberté elle-même.

Pour atteindre le but que se propose le gouvernement, un autre moyen me paraît préférable : c'est d'accroître et de fortifier, par des attributions nouvelles et plus étendues, l'influence du président du Conservatoire et ses rapports avec l'autorité supérieure. En le choisissant parmi les conservateurs, sur une liste de trois candidats, présentée au ministre par le Conservatoire lui-même ; en lui confiant, pour cinq années consécutives, la direction de la Bibliothèque, avec la faculté d'être réélu ; en le chargeant spécialement de rendre compte au ministre de toutes les affaires qui se rattachent à l'exécution des réglements, et d'ajouter son avis particulier à l'avis du Conservatoire, qu'il fera connaître ; en lui donnant le droit de correspondre en son nom avec le ministre, sur les objets qui intéressent l'administration ; en lui imposant l'obligation d'adresser tous les six mois au ministre un rapport général sur la situation de la Bibliothèque ; en augmentant, par conséquent, et son pouvoir et sa responsabilité, on le constituera, en quelque sorte, dépositaire de cette force administrative qui ne peut rester vaguement attribuée à plusieurs personnes en même temps. Il deviendra l'intermédiaire direct du ministre et de la Bibliothèque, sans cesser d'être égal à ses collègues pour tout ce qui ne tiendra pas aux fonctions temporaires de l'administration.

D'un autre côté, comme il est juste de garantir les droits des employés contre toute influence dominante et exclusive, la commission a proposé, et cette mesure me semble devoir être adoptée, d'admettre les conservateurs-adjoints aux assemblées du Conservatoire, avec voix consultative seulement dans les circonstances ordinaires, et avec voix délibérative en l'absence des deux conservateurs du département auxquels ils appartiennent ; mais cette dernière participation étant, par le fait, une véritable délégation administrative, il convient qu'elle ne soit exercée par les conservateurs-adjoints qu'avec l'approbation du ministre, sur la proposition du Conservatoire.

Les degrés divers que pourra successivement parcourir un employé, depuis son entrée dans la Bibliothèque, doivent être fixés d'une manière régulière et invariable. Indépendamment des conservateurs adjoints et des employés proprement dits, il y aura, comme l'a demandé la commission, des auxiliaires et des surnuméraires. Dans toute présentation pour une place vacante, un candidat, au moins, doit être choisi parmi les employés de la Bibliothèque : cette mesure garantira à l'administration l'aptitude des employés, et assurera l'avancement de ceux qui auront fait preuve de zèle et de capacité.

Le secrétaire du Conservatoire sera élu parmi les conservateurs, et le trésorier devra être pris parmi les adjoints; les fonctions de comptabilité dont ce dernier sera chargé le constitueraient souvent en rivalité de droits et d'autorité avec le président, si l'un et l'autre avaient le même titre de conservateur.

Le principe de l'élection doit être maintenu pour toutes les nominations : pour les places de conservateurs, trois candidats seront présentés, comme par le passé, au choix de Votre Majesté; pour les conservateurs-adjoints, deux candidats seulement seront proposés. Conformément à l'avis de la commission, les employés sont choisis par le Conservatoire entre les auxiliaires. Leur nomination est soumise à l'approbation du ministre. Une fois approuvée, elle ne peut plus être révoquée que sur le rapport du Conservatoire : de cette manière, la sûreté de leurs emplois est garantie; ils cessent d'être livrés à l'arbitraire et au caprice.

La loi de l'an IV avait divisé la Bibliothèque en quatre départements. Celui des imprimés et celui des médailles et antiques avaient chacun deux conservateurs; celui des manuscrits, divisé en trois sections, avait trois conservateurs; celui des estampes n'en avait qu'un. Cette division fut changée par l'ordonnance du 31 décembre 1828, qui créa, de plus, un cinquième département, des cartes et plans, et décida qu'aucune nomination nouvelle de conservateurs ne serait faite à l'avenir, jusqu'à ce que leur nombre fût réduit à un seul par département. Cette mesure, qui avait pour but d'arriver graduellement à une plus grande concentration des pouvoirs administratifs, offrait le grand inconvénient de diminuer le nombre des conservateurs à mesure que la Bibliothèque acquérait plus d'importance, en raison des richesses toujours croissantes du dépôt et du mouvement plus actif du travail. Je pense, au contraire, et c'est l'avis de la commission, que le nombre des conservateurs doit être plutôt augmenté que restreint dans chaque département, en même temps que celui des départements serait réduit à quatre au lieu de cinq, par la réunion des estampes aux cartes et plans, demandée par la commission. Les intentions qui ont dicté l'ordonnance de 1828 ne sauraient plus exister maintenant pour nous, puisque le but est complétement atteint dans notre nouveau projet par une définition plus nette des fonctions du président, et l'extension qui leur est donnée. Nous devons tendre plutôt à multiplier les moyens de surveillance dans chaque partie du dépôt, à diviser la responsabilité, à rendre le service plus actif et plus régulier, à ne laisser jamais aucun département sans direction : c'est ce que nous obtiendrons en séparant chaque département en sections, et en affectant un conservateur spécial à chaque section, avec l'obligation, cependant, de surveiller le département tout entier. Ainsi, tous les conservateurs auront à s'occuper, dans leur section, des affaires de la section ; dans leur département, des affaires du département, et dans le Conservatoire, des affaires de toute la Bibliothèque. Tous prendront part au mouvement général de l'établissement, par le service, par la surveillance, par la discussion et la délibération. Tous ces moyens d'administration viendront se réunir dans l'autorité du président, seul représentant de l'autorité supérieure.

Ce nouveau système d'organisation m'a paru, Sire, devoir être préféré à tous les autres ; il satisfait à la fois au besoin de la liberté et à ceux de l'ordre ; il garantit l'administration contre ses propres erreurs ; il assure à la Bibliothèque les avantages qu'a déjà mis à l'épreuve l'institution du Conservatoire, et ceux qu'une longue expérience a souvent fait désirer ; il rendra, nous devons l'espérer, à ce bel établissement, un éclat et une prospérité dignes de sa grandeur et de sa haute importance.

J'ai l'honneur de soumettre à Votre Majesté le projet d'ordonnance ci-joint.

Je suis avec un profond respect,

Sire,

De Votre Majesté,

Le très humble et très obéissant serviteur et sujet,

Le ministre secrétaire d'état au département de l'instruction publique.

Signé GUIZOT.

XIV

ORDONNANCE DU ROI.

LOUIS-PHILIPPE, ROI DES FRANÇAIS,

A tous présents et à venir, SALUT.

Vu l'article 2 de la loi du 25 vendémiaire an IV (17 octobre 1795), qui confie l'administration de la Bibliothèque royale à un conseil composé de huit conservateurs de cet établissement, et fixe à quatre le nombre des départements qui forment la Bibliothèque;

Vu les arrêtés et décisions qui, depuis l'époque où cette loi a été rendue jusqu'en 1828, en ont modifié les dispositions administratives et réglementaires;

Vu l'article 1er de l'ordonnance du 2 novembre 1828, qui crée un cinquième département, celui des cartes géographiques et plans, et réduit les conservateurs au nombre de cinq;

Vu le rapport rédigé par M. Prunelle, membre de la chambre des députés, au nom d'une commission chargée d'examiner le régime actuel des bibliothèques de Paris, et présidée par feu le baron Cuvier; rapport dans lequel, en ce qui concerne la Bibliothèque royale, est exprimé le vœu que le nombre des départements soit réduit à quatre, et que celui des médailles et autres antiques soit confié à deux conservateurs, selon le vœu de la loi; que le département des cartes et plans soit réuni à celui des estampes, et que deux conservateurs en soient chargés; que les conservateurs-adjoints aient une part dans l'administration, et que les droits des employés soient mieux garantis;

Considérant que, depuis l'époque où la bibliothèque a commencé d'être régie par la loi de l'an IV, elle a reçu dans toutes ses parties des accroissements très considérables; que le département des imprimés, entre autres, a été porté de 120,000, à plus de 600,000 volumes; que le service public en est devenu beaucoup plus difficile, et les travaux intérieurs beaucoup plus étendus et compliqués;

Considérant que, dans les modifications apportées par l'ordonnance du 2 novembre 1828 à l'organisation de la Bibliothèque royale, il n'a pas été tenu assez de compte de ces faits et des besoins nouveaux qui en résultent;

Considérant que l'administration de la Bibliothèque, telle que l'a constituée la loi du 25 vendemiaire an IV, présente des avantages maintenant reconnus, qu'il importe de conserver; mais que cette administration collective, isolée dans ses actes, dépourvue d'unité de direction, disposant de l'avancement des fonctionnaires, des logements qui leur sont accordés, des fonds portés au budget de la Bibliothèque, des objets mêmes qui font partie des dépôts, a donné lieu à des abus contre lesquels la responsabilité de notre gouvernement n'est point à couvert, et dont il est nécessaire de prévenir le retour;

Voulant entrer dans les dispositions essentielles de la loi, et conserver à l'administration le caractère fondamental qu'elle lui a donné, en y introduisant d'ailleurs les perfectionnements qu'ont réclamés les hommes les plus éclairés, et qu'exige l'état actuel de ce vaste dépôt; voulant en outre garantir les droits des fonctionnaires de la Bibliothèque, et leur fournir le moyen d'arriver au rang de conservateurs;

Voulant enfin imprimer à tous les travaux une activité nouvelle, et, en investissant le président du Conservatoire d'attributions plus étendues et qui le placent dans un rapport plus immédiat avec l'autorité supérieure, assurer à la fois son influence et sa responsabilité, et donner ainsi à l'administration générale l'ensemble et l'unité qui lui ont souvent manqué;

Sur le rapport de notre ministre secrétaire d'état au département de l'instruction publique;

Nous avons ordonné et ordonnons ce qui suit :

Art. 1er La Bibliothèque royale est composée de quatre départements :

1° Des livres imprimés;

2° Des manuscrits, chartes et diplômes;

3° Des monnaies, médailles, pierres gravées et autres monuments antiques;

4° Des estampes, cartes géographiques et plans.

La division en sections, restreinte jusqu'ici au deuxième département, est étendue à tous les autres.

Chaque département est confié à autant de conservateurs qu'il renferme de sections, et à un ou plusieurs conservateurs-adjoints, dont le nombre cependant ne peut dépasser celui des sections du département auquel ils appartiennent.

Le nombre des sections est fixé à deux pour le premier, le troisième et le quatrième département, à trois pour le deuxième.

2. Les conservateurs composent le conseil d'administration, qui garde le titre de *Conservatoire de la Bibliothèque royale.*

Les conservateurs-adjoints prennent part aux délibérations du Conservatoire avec voix consultative.

En l'absence des conservateurs du département auquel ils appartiennent, ils peuvent avoir voix délibérative; mais il faut qu'ils y soient autorisés par une décision du ministre, rendue sur la proposition du Conservatoire.

3. Le Conservatoire a la police générale de l'établissement, la présentation aux places de conservateurs, par une liste de trois candidats, dont l'un au moins doit être pris parmi les conservateurs-adjoints ou employés définitifs, et à celles de conservateurs-

adjoints par une liste de deux candidats, dont l'un au moins doit être un employé définitif.

Il a, de plus, la nomination aux emploisinférieurs, d'après les formes indiquées ci-après.

Il dispose en outre des fonds attribués à la Bibliothèque, soit par la loi des finances, soit par décisions particulières du ministre.

4. Le Conservatoire est présidé par un directeur, que le ministre choisit sur une liste de trois candidats présentés par le Conservatoire, et tirés de son sein.

Les fonctions du directeur durent cinq ans; il peut être toujours réélu.

5. Le directeur a la surveillance générale de toutes les parties de l'administration et du service des départements. Il convoque le Conservatoire quand il le juge convenable. En cas de partage, sa voix est prépondérante. Il correspond avec le ministre, soit en son propre nom, soit au nom du Conservatoire, pour tous les besoins du service. Lorsqu'il transmet au ministre les décisions et demandes du Conservatoire, il y joint son avis particulier.

Il adresse au ministre tous les six mois, et plus souvent s'il est nécessaire, un rapport sur toutes les parties du service et sur l'état des bâtiments; il y propose les améliorations et les réformes qui lui paraissent utiles. En cas d'urgence, il est autorisé à donner provisoirement les ordres qu'il croit nécessaires, sauf à en rendre compte, soit au ministre, soit au Conservatoire.

Toutes les dépenses de chaque département discutées dans le Conservatoire sont soumises à son visa.

6. Le bureau du Conservatoire est composé, outre le directeur, président, d'un vice-président et d'un secrétaire.

Le Conservatoire les choisit dans son sein chaque année. Le vice-président peut être réélu pour une année seulement, le secrétaire peut être toujours réélu.

En cas d'empêchement de la part du directeur, le vice-président le remplace dans la présidence du Conservatoire; mais il ne peut le remplacer dans les autres fonctions attachées au titre de directeur, que par une délégation expresse du ministre.

Le secrétaire rédige les procès-verbaux des délibérations du Conservatoire, et assure leur transcription sur un registre, après que leur rédaction a été approuvée par le Conservatoire. Ces procès-verbaux sont signés par le directeur et le secrétaire.

Un des conservateurs-adjoints est choisi par le ministre pour remplir les fonctions de trésorier : il fait dresser les états de comptes, reçoit les fonds nécessaires, effectue les paiements.

Ses fonctions durent cinq ans ; il peut être réélu.

7. Chaque conservateur présente au Conservatoire un certain nombre d'employés admis en qualité de *surnuméraires ;* après les épreuves convenables, ces surnuméraires sont agréés par le Conservatoire en qualité d'*auxiliaires:* alors ils reçoivent un traitement. Parmi eux sont pris, dans un concours (dont les conditions seront déterminées), les employés, dont la nomination est soumise à l'approbation du ministre; une fois cette formalité remplie, ils ne peuvent être révoqués que par le ministre, sur le rapport du Conservatoire.

Notre ministre de l'instruction publique est chargé de faire tous les règlements nécessaires en ce qui concerne l'administration générale et la police intérieure de l'établissement; il demeure en outre chargé de l'exécution de la présente ordonnance.

Fait à Paris, le 14 novembre 1832.

Signé LOUIS-PHILIPPE.

Par le roi :

Le ministre secrétaire d'état au département de l'instruction publique,

Signé GUIZOT.

XV

RÈGLEMENT

CONCERNANT LA BIBLIOTHÈQUE ROYALE.

Le ministre secrétaire d'état au département de l'instruction publique,

Vu l'article 8 de l'ordonnance royale du 14 novembre 1832 ;

Vu le projet de règlement présenté par le Conservatoire de la Bibliothèque royale ;

Arrête :

TITRE PREMIER.

ADMINISTRATION.

CHAPITRE PREMIER.

PERSONNEL DE L'ADMINISTRATION.

Art. 1er. La Bibliothèque royale est divisée en quatre départements :

1° Des livres imprimés ;

2° Des manuscrits, chartes et diplômes :

3° Des médailles, pierres gravées et antiques ;

4° Des estampes, cartes géographiques et plans.

2. Les départements sont divisés en sections, fixées à deux pour les 1er, 3e et 4e départements ; à trois, pour le 2e. Il y a dans chaque département autant de conservateurs que de sections. Il peut y avoir un ou plusieurs conservateurs-adjoints ; mais, dans aucun cas, ils ne peuvent excéder le nombre des sections du département auquel ils appartiennent.

3. Les conservateurs composent le conseil d'administration de la Bibliothèque ; ce conseil porte le titre de Conservatoire.

4. Les conservateurs-adjoints prennent part aux séances du Conservatoire avec voix consultative.

5. En l'absence des conservateurs d'un département, les conservateurs-adjoints peuvent avoir voix délibérative; mais ils doivent y être autorisés par une décision du ministre, sur la proposition du Conservatoire.

6. Le Conservatoire forme dans son sein un bureau composé du directeur, président, d'un vice-président et d'un secrétaire.

7. Le vice-président et le secrétaire sont élus à la majorité des suffrages dans la première séance de l'année; le vice-président peut être réélu pour une année seulement, le secrétaire est toujours rééligible.

8. Le directeur notifie les décisions du Conservatoire à ceux qu'elles concernent, et exerce les autres fonctions que lui confère l'article 5 de l'ordonnance du 14 novembre 1832. Il est aussi chargé de surveiller la comptabilité, la rentrée des fonds et les paiements.

9. Le vice-président préside le Conservatoire en l'absence du directeur, dans les limites déterminées par le troisième paragraphe de l'article 6 de ladite ordonnance.

10. Le secrétaire tient un procès-verbal de chaque séance du Conservatoire, et le fait transcrire sur un registre à cet usage, après qu'il a été approuvé par le Conservatoire. Les procès-verbaux sont signés du directeur et du secrétaire.

11. Les lettres que le président écrit comme organe du Conservatoire, soit au ministre, soit à des particuliers, sont transcrites sur un registre de correspondance, sous la surveillance du secrétaire.

12. Le conservateur-adjoint chargé des fonctions de trésorier dresse les états de comptes, reçoit les fonds et effectue les paiements.

13. Les logements particuliers disponibles dans les bâtiments de la Bibliothèque sont répartis entre les conservateurs d'après le rang d'ancienneté, par décision du ministre, sur l'avis du Conservatoire.

14. Les conservateurs-adjoints et les employés peuvent aussi être logés dans lesdits bâtiments. L'affectation des logements

vacants est déterminée par le ministre sur la proposition du Conservatoire, d'après le grade, l'ancienneté, l'utilité et la nature des services.

CHAPITRE II.

DISPOSITIONS GÉNÉRALES.

15. Le Conservatoire s'assemble une fois par semaine, à l'issue de la séance de la Bibliothèque. En cas d'urgence, le directeur-président le convoque extraordinairement.

16. Le Conservatoire ne peut délibérer qu'autant que la moitié, plus un, de ses membres, sont présents.

17. En cas d'absence de tous les conservateurs d'un département, le Conservatoire ajourne toute décision qui intéresse ce département; et si l'absence se prolongeait, il y serait pourvu conformément à l'article 2 de l'ordonnance du 14 novembre 1832.

18. Les conservateurs, dans leur département respectif, ont la police intérieure et la surveillance générale du service; ils prescrivent aux conservateurs-adjoints et aux employés les travaux qu'ils jugent nécessaires.

19. Dans les départements où le prêt est permis, les conservateurs sont personnellement responsables des objets appartenant à la Bibliothèque, qui auraient été prêtés au dehors, et qui viendraient à se perdre parce que les formalités auxquelles ce prêt est soumis n'auraient pas été observées. Cette responsabilité s'exercera après une expertise de la valeur desdits objets, faite en Conservatoire et approuvée du ministre.

20. Il est interdit aux conservateurs de faire des collections d'objets rares dans le genre de ceux qui appartiennent au département qui leur est confié.

21. Aucun des employés ou auxiliaires ne peut être destitué qu'après avoir été invité à fournir ses moyens de défense. Si le Conservatoire prononce la destitution, sa décision est soumise à l'approbation du ministre.

22. Cependant, si l'un des employés se rendait coupable d'une faute grave, les conservateurs dont il dépend peuvent lui inter-

dire provisoirement l'entrée du dépôt ; mais ils en rendent compte au Conservatoire dans une séance convoquée à cet effet.

23. Les surnuméraires ne peuvent être révoqués que par le Conservatoire, sur l'avis motivé des conservateurs du département auquel ils appartiennent.

24. Tous les objets qui entrent dans la Bibliothèque royale, soit à titre de présent, soit à titre d'acquisition, sont inscrits dans chaque département sur un registre uniquement consacré à cet usage, et destiné à servir, en cas de besoin, de pièce justificative.

25. Tout livre, tout manuscrit, toute pièce de musique, estampe et carte, qui entre dans la Bibliothèque royale, doit être estampillé dans le plus bref délai.

CHAPITRE III

DÉPENSES, ACHATS, ÉCHANGES, ETC.

26. Il n'est fait aucune dépense dans un département sans qu'elle ait été discutée et autorisée par le Conservatoire et visée par le directeur.

27. Les états des dépenses discutées et autorisées sont soumis à l'approbation du ministre.

28. Lorsque les conservateurs croient devoir proposer d'acquérir des objets rares ou utiles qui manquent à leur département, ils accompagnent leur proposition de tous les détails nécessaires sur la nature, l'importance, le nombre et le prix de ces objets.

Le Conservatoire discute la convenance de l'acquisition, et, s'il l'approuve, il autorise les conservateurs à la faire, à des conditions déterminées.

29. Quant aux livres imprimés, indépendamment des propositions isolées que les conservateurs de ce département peuvent être dans le cas de faire pour l'achat d'un livre rare ou utile, ils présentent au Conservatoire, dans la première séance de chaque trimestre, une liste d'ouvrages importants, soit anciens, soit

nouveaux, qui manquent à la Bibliothèque Cette liste, discutée et augmentée de tous les ouvrages qui seraient proposés par d'autres membres, est définitivement arrêtée, et les conservateurs font les diligences nécessaires pour se procurer les livres qui y sont portés. La liste de ceux qu'on n'a pu acquérir dans le cours du trimestre est reproduite le trimestre suivant et combinée avec la liste nouvelle.

30. Aucun échange ne peut avoir lieu avant que les conservateurs du département que cet échange intéresse en aient fait leur rapport au Conservatoire, dont l'avis motivé est transmis au ministre. L'échange ne s'effectue que sur l'autorisation préalable du ministre.

31. Il est dressé un état général du mobilier de la Bibliothèque. Cet état est revu tous les ans, et l'on y marque les changements survenus dans le cours de l'année.

32. Les conservateurs, dans leur département respectif, surveillent l'entretien du mobilier, et font au directeur les demandes de réparations ou d'augmentations nécessaires.

TITRE II.

SERVICE PUBLIC.

CHAPITRE PREMIER.

DISPOSITIONS GÉNÉRALES.

33. Le service public de la Bibliothèque royale comprend :

1° La lecture et l'étude à l'intérieur;

2° Le prêt au dehors;

3° La visite dans un but de curiosité.

34. Tous les jours, excepté les dimanches et fêtes, la Bibliothèque est ouverte pour l'étude, de dix heures à trois heures, en toute saison.

35. La conservation et la bonne tenue des objets qui forment les quatre départements de la Bibliothèque exigeant des soins particuliers et des travaux intérieurs incompatibles avec le servi-

ce public, il est pris un temps, à deux époques de l'année, pour faire une revue générale des objets, pour battre, épousseter les livres, intercaler les nouvelles acquisitions, recoler les estampes, etc. En conséquence, la Bibliothèque est fermée : 1° pendant la quinzaine de Pâques ; 2° depuis le 1er septembre jusqu'au 15 octobre inclusivement.

36. Dans les départements où le public n'est pas admis indistinctement les jours consacrés au travail, les membres des deux Chambres et ceux de l'Institut sont admis en se faisant connaître.

37. Dans chaque département il sera établi, à mesure que les localités le permettront, une salle d'étude où les travailleurs seuls seront admis.

38. Les objets dont se compose chaque département ne seront communiqués que dans cette salle.

39. Les personnes admises les jours de travail ne doivent ni se promener, ni causer, ni rien faire qui puisse distraire les travailleurs.

40. Il leur est interdit de prendre elles-mêmes dans les armoires, tablettes ou portefeuilles, les objets qu'elles désirent avoir, et d'en faire la recherche dans les catalogues, inventaires ou bulletins.

41. Il est également interdit de prendre les objets déposés sur les bureaux des conservateurs ou des employés.

42. Une demi-heure avant la clôture, on ne communique plus rien.

43. Les travailleurs sont tenus de placer le papier sur lequel ils écrivent ou dessinent à côté du manuscrit du livre ou du portefeuille qui leur est communiqué.

44. Personne ne sort de la Bibliothèque avec un livre, un cahier de croquis ou un portefeuille, sans avoir pris un *laissez-passer*, qu'on délivre après s'être assuré qu'ils ne contiennent rien qui appartienne à l'un des dépôts.

45. On n'entre point dans les salles avec de la lumière, ex-

cepté dans le cas où la sûreté de l'établissement pourrait être compromise.

CHAPITRE II.

LECTURE ET ÉTUDE A L'INTÉRIEUR.

§ 1. *Imprimés.*

46. La *salle de lecture* contient un choix d'ouvrages, qui comprend : les dictionnaires de toute espèce; les meilleures éditions et traductions des auteurs classiques anciens et modernes; les traités élémentaires et généraux de toutes les sciences; les œuvres complètes des principaux polygraphes dans toutes les langues; les meilleurs ouvrages d'histoire ancienne et moderne, générale et particulière; les principaux voyages dans les diverses parties du monde; les collections académiques; les meilleurs recueils périodiques, littéraires et scientifiques, français et étrangers.

47. Les romans, les pièces de théâtre détachées, les ouvrages de littérature légère ou frivole, les brochures politiques ou de circonstance, ne font point partie de la Bibliothèque de la salle de lecture. On ne communique ces ouvrages qu'à ceux qui les demandent pour un travail littéraire ou historique dont ils indiquent l'objet aux conservateurs.

48. Les enfants au dessous de 15 ans sont admis dans la salle de lecture en produisant un bulletin portant leur nom et leur adresse, délivré et signé soit par un de leurs parents, soit par un chef d'établissement d'instruction publique, qui garantissent que les livres peuvent être communiqués avec confiance.

49. Les jeunes gens entre 15 et 20 ans sont admis avec un bulletin du même genre, ou seulement avec leur carte d'admission à quelque école spéciale.

50. A l'entrée de la salle de lecture, est un bureau où chacun, après avoir consulté le conservateur s'il le juge nécessaire, est tenu d'écrire sur un feuillet de papier tout préparé un bulletin portant son nom, son adresse et le livre qu'il désire.

51. Ce bulletin numéroté est gardé par le conservateur, et n'est remis au lecteur que quand celui-ci rapporte le livre au bureau, et après vérification faite de l'état dans lequel il le rend.

52. En sortant de la salle, on remet au gardien de la porte le bulletin qui a été rendu, ce qui garantit que les livres prêtés ont été remis au bureau du conservateur.

53. En règle générale, on ne communique qu'un ouvrage à la fois; les conservateurs sont juges des cas d'exception.

54. Des tables particulières sont affectées à la lecture des livres à figures, rares et précieux. Sur cette table, l'usage de l'encre est interdit. Les extraits de textes ou les copies de gravures ne peuvent se faire qu'au crayon et sans l'emploi de la mie de pain.

55. D'autres tables particulières sont affectées à la lecture des recueils périodiques, des journaux littéraires et scientifiques.

56. Lorsqu'un livre demandé n'est point dans la salle de lecture, les conservateurs font passer le bulletin au conservateur-adjoint ou à l'employé chargé de la partie de la Bibliothèque dans laquelle l'ouvrage doit se trouver.

57. Un quart d'heure avant la clôture, tous les employés répartis entre les diverses sections du département des imprimés se réunissent dans la salle de lecture autour du bureau des conservateurs, pour les aider dans la remise des bulletins et la vérification de l'état des livres rendus.

§ 2. *Manuscrits.*

58. A moins d'une autorisation expresse accordée par le ministre de l'instruction publique, de l'avis du Conservatoire, nul manuscrit ne pourra être consulté que sur place, et, si le cas l'exige, en la présence d'un des conservateurs ou d'un employé désigné par lui.

59. Les employés n'ouvrent aucune armoire sans l'autorisation des conservateurs.

60. Le calque et l'emploi des couleurs sont interdits sans exception.

61. Les manuscrits de la Bibliothèque royale étant la propriété de l'État, qui s'est réservé les droits assurés par le décret du 1er germinal an XIII aux propriétaires d'ouvrages posthumes, nul ne peut copier, publier, ni faire imprimer aucun des manuscrits sans une autorisation expresse du gouvernement.

Ceux qui voudront obtenir cette autorisation adresseront leur demande au Conservatoire, qui la transmettra, avec son avis, au ministre de l'instruction publique.

62. Pour les extraits d'un manuscrit, ou la copie de quelques portions ou passages seulement, il suffira de l'autorisation des conservateurs, qui pourront, s'ils le jugent à propos, en référer au Conservatoire.

§ 3. *Médailles*, etc.

63. Les jours de travail, le cabinet est ouvert pour les personnes qui auraient à y faire des recherches ou des études spéciales. Pour y être admises, elles adressent, la veille, à l'un des conservateurs, un bulletin portant leur nom, leur adresse, et l'indication de la classe de monuments qu'elles veulent consulter. Ce bulletin est déposé au cabinet, et le lendemain ces personnes sont admises en présentant un bulletin semblable à celui qu'elles ont adressé la veille.

64. Les médailles, pierres gravées et autres objets faisant partie du cabinet, ne sont communiqués qu'en présence et sous l'inspection d'un conservateur et d'un employé.

65. On ne communique à la fois qu'une seule tablette de médailles, et, autant que possible, qu'un seul des autres objets de la collection.

66. Aucune des personnes attachées au département ne peut copier ou faire copier, dessiner ou mouler les objets qu'il contient sans l'agrément des conservateurs, qui en référeront, s'ils le jugent à propos, au Conservatoire.

§ 4. *Estampes, Cartes et Plans.*

Section des estampes.

67. On n'est admis, les jours de travail, qu'au moyen d'une carte délivrée par le conservateur.

68. Celui qui désire obtenir cette carte en fait la demande par écrit, en indiquant son nom, son adresse, le genre d'étude auquel il se livre, ou l'artiste dont il fréquente l'atelier.

Les noms des personnes qui l'ont obtenue sont inscrits sur un registre particulier.

Les cartes sont personnelles : elles seront retirées à celui qui les prêterait ou qui ferait un mauvais usage des objets communiqués.

69. Il est expressément interdit de calquer.

L'usage de l'encre et des couleurs est également interdit.

70. On ne communique aucune collection de gravures avant qu'elle ait été assemblée et reliée.

Section des cartes géographiques et plans.

71. Le public est admis librement dans les salles pour consulter les cartes, plans et collections géographiques.

72. Les travailleurs peuvent être admis à calquer avec l'autorisation du conservateur, à la condition de se servir du crayon et de n'employer que du papier végétal, à la gélatine ou de glace, et non du papier gras ou huilé.

73. Il est interdit de placer le compas sur les cartes géographiques.

CHAPITRE III.

PRÊT AU DEHORS.

74. On ne prête au dehors aucun des objets appartenant aux départements des médailles, et des estampes, cartes et plans.

75. Dans le département des manuscrits, on ne prête aucun

de ceux qui sont remarquables par leur ancienneté, leur importance ou leur rareté.

76. Dans le département des imprimés, les ouvrages formant la bibliothèque de la salle de lecture, les livres rares, de luxe ou à figures, les éditions du quinzième siècle, les livres sur vélin ou sur grand papier, ceux dont les reliures sont précieuses ou remarquables, les collections ou parties de collections considérables, ne sont jamais prêtés au dehors.

77. Les journaux littéraires et scientifiques ne sont prêtés qu'après avoir été réunis par volume ou par année, et reliés.

78. Aucun livre, journal ou pièce de musique n'est prêté avant d'avoir été estampillé, et, sauf de rares exceptions dont les conservateurs sont juges, avant d'avoir été inscrit au catalogue.

79. Les objets des départements où le prêt est permis ne sont prêtés qu'à des personnes d'une solvabilité notoire, connues pour se livrer à des travaux utiles, et qui, présentées par les conservateurs et agréées par le Conservatoire, ont été inscrites sur un registre particulier, avec indication de leurs nom, profession et demeure.

80. Tout ouvrage imprimé ou manuscrit prêté est inscrit sur deux registres, disposés par ordre alphabétique, l'un pour les noms des auteurs ou les titres d'ouvrages, l'autre pour les noms des emprunteurs.

81. Les conservateurs détermineront le temps pendant lequel les livres ou les manuscrits seront prêtés. Il en est fait mention sur le registre à l'article du prêt.

82. Les conservateurs ont toujours le droit de les faire rentrer sur-le-champ, quand l'intérêt de la science ou du service l'exige, sauf à les prêter de nouveau. Quiconque ne répondrait pas à leur appel serait privé de l'avantage du prêt pendant un temps plus ou moins long, au jugement du Conservatoire.

83. Les personnes inscrites sur le registre, qui désirent emprunter un livre, remettent la veille, dans une boîte destinée à cet usage, un bulletin portant leur nom, leur adresse, et le titre

de l'ouvrage qu'elles demandent. Le lendemain, les livres sont remis, soit à l'emprunteur, qui signe le registre, soit à un tiers qu'il aura autorisé par écrit à signer le récépissé pour lui; le bulletin reste déposé comme pièce justificative, pour être rendu lorsqu'on rapporte l'ouvrage, et après vérification faite de l'état de conservation de cet ouvrage.

84. Ceux qui ne peuvent rendre les livres qui leur ont été prêtés, ou qui ne les rendent qu'en mauvais état, sont tenus de les remplacer à leurs frais.

85. Les savants étrangers, pendant leur séjour à Paris, ne peuvent emprunter ni livres ni manuscrits que sous la caution formelle et par écrit de l'ambassadeur, du ministre ou du consul du pays auquel ils appartiennent, ou d'après une recommandation expresse du ministre des affaires étrangères.

86. Il n'est prêté à la même personne qu'un seul volume manuscrit à la fois. Les conservateurs du département des manuscrits sont juges des cas d'exception.

87. Tous les manuscrits, sans exception, prêtés, et depuis quelque époque qu'ils l'aient été, doivent être remis, ou au moins représentés, chaque année, pour l'époque des vacances, c'est-à-dire avant le 1er septembre.

88. Toutes les personnes attachées à la Bibliothèque royale sont également soumises aux dispositions qui règlent le prêt au dehors.

CHAPITRE IV.

VISITE DES COLLECTIONS DANS UN BUT DE CURIOSITÉ.

89. Le public est admis indistinctement à visiter les collections le mardi et le vendredi de chaque semaine.

90. Il n'est point admis dans les salles d'étude, exclusivement destinées aux travailleurs.

91. Dans les salles où il est admis, on n'ouvre aucune armoire, on ne communique aucun des objets qu'elles contiennent.

92. On empêche qu'il ne se forme devant les armoires ou les

montres vitrées aucun rassemblement qui puisse en interdire la vue au reste du public, ou favoriser de mauvaises intentions.

93. Dans le département des estampes, jusqu'à ce que le local permette d'y établir une salle où sera exposée une suite des plus belles gravures rangées par ordre chronologique, et formant une histoire de l'art, et en outre une salle d'étude où les travailleurs seuls seront admis, on continuera de communiquer aux curieux, les jours publics, les portefeuilles et collections que possède le departement.

TITRE III.

EMPLOYÉS, AUXILIAIRES ET SURNUMÉRAIRES.

CHAPITRE PREMIER.

LEURS FONCTIONS.

94. Dans chaque département les employés, auxiliaires et surnuméraires sont placés sous l'autorité immédiate des conservateurs.

95. Ils sont tenus de se rendre régulièrement à leur poste tous les jours avant l'ouverture de la séance, et d'y rester jusqu'à la fin.

96 Ils ne peuvent s'absenter sans la permission d'un des conservateurs de leur département respectif; s'ils sont retenus pour cause de maladie, ou par tout autre empêchement légitime, ils doivent leur en donner avis.

97. Il est tenu dans chaque département un registre de présence sur lequel les employés, les auxiliaires et les surnuméraires, à mesure qu'ils arrivent, inscrivent leurs noms.

98. Ce registre est clos à 10 heures par un des conservateurs. Un relevé nominatif est mis tous les trois mois sous les yeux du conservatoire.

99. Ils s'occupent exclusivement de ce qui concerne leur service; pendant la durée des séances, ils s'abstiennent de tout travail qui y serait étranger.

100. Ils sont chargés de faire observer les articles de police intérieure détaillés au titre précédent, et spécialement de surveiller avec la plus grande attention les personnes auxquelles il a été confié quelque livre, recueil, carton, tablette de médailles, etc.

101. Ils ne communiquent aucun objet que par l'ordre des conservateurs.

102. Après chaque séance, ils remettent en place les livres et autres objets communiqués aux travailleurs.

103. Indépendamment du service public, ils sont chargés de surveiller les travaux des garçons de service.

CHAPITRE II.

CONDITIONS POUR ARRIVER AUX PLACES D'AUXILIAIRES ET D'EMPLOYÉS.

104. Conformément à l'article 7 de l'ordonnance, portant que les « conservateurs présentent un certain nombre d'employés en qualité de *surnuméraires*, lesquels, après les épreuves *convenables*, sont nommés *auxiliaires*; puis, à la suite d'un concours établi entre eux, appelés au titre *d'employés* », l'examen des surnuméraires qui doivent passer auxiliaires est fait par les conservateurs du département auquel ils doivent appartenir. Le résultat de l'examen est mis sous les yeux du Conservatoire.

105. Pour tous les départements, excepté pour celui des estampes, cartes et plans, la connaissance des langues anciennes est la première condition exigée.

Indépendamment de cette condition commune, les surnuméraires, selon le département auquel ils se destinent, auront à satisfaire à d'autres conditions spéciales.

106. Pour le département des manuscrits, ils doivent être versés dans la lecture des manuscrits qui dépendent de la section à laquelle ils veulent être attachés.

107. Pour le département des médailles, ils doivent avoir une connaissance suffisante de la disposition du cabinet et s'être exercés à lire les légendes des médailles; ils doivent être en état

de classer les médailles et les autres monuments selon leur époque et leurs sujets.

108. Pour le département des imprimés, ils sont examinés sur la bibliographie; ils doivent bien connaître la distribution matérielle du département. La connaissance des langues modernes est un motif de préférence, ainsi que le zèle et la ponctualité qu'ils ont montrés dans leurs fonctions de surnuméraires.

109. Pour le département des estampes, cartes et plans,

Dans la section des estampes, ils sont interrogés sur l'histoire de la gravure, et principalement sur la connaissance matérielle des estampes, sur l'art de distinguer les maîtres;

Dans la section des cartes géographiques et plans, 1° sur la géographie générale, 2° sur le classement auquel sont assujetties les collections de cette section.

110. Quant au concours entre les auxiliaires pour les places d'employés, il consiste dans un certain nombre de questions choisies par les conservateurs, et sur lesquelles les candidats répondent soit verbalement, soit par écrit. Elles roulent sur les connaissances scientifiques relatives au département auquel les auxiliaires sont attachés. Le concours a lieu devant le Conservatoire.

TITRE IV.

DES GARÇONS DE SERVICE ET PORTIERS.

CHAPITRE PREMIER.

DES GARÇONS DE SERVICE.

111. Les garçons de service sont chargés, sous les ordres des conservateurs et sous la surveillance des employés, de tous les soins et travaux relatifs à la propreté dans les divers départements auxquels ils sont attachés.

112. Néanmoins ils sont tenus de concourir indistinctement, lorsque le cas l'exige, au service général de l'établissement.

113. Ceux du département des antiques ne vaquent à leurs

travaux qu'en présence d'un conservateur ou d'un employé.

114. Tous les garçons de service se rendent à leur poste tous les jours, et ils y restent pendant toute la durée de la séance.

115. Après la clôture, ils travaillent aux opérations de rangement, de mise en place et de mouvement quelconque qu'exige le besoin du service, et cela durant tout le temps jugé nécessaire par les conservateurs.

116. Il leur est défendu de recevoir aucune gratification des personnes que la curiosité ou l'amour de l'étude attire à la Bibliothèque. Toute infraction à cet égard pourrait être suivie de la révocation.

117. Il y a un chef de service, qui pourra être pris parmi les garçons, et qui, en cette qualité, porte un double galon sur chaque manche de son habit de livrée; il reçoit un traitement supérieur à celui des autres garçons de service, et il est logé dans l'enceinte de l'établissement.

118. Le chef de service est chargé de la surveillance des cours, vestibules, escaliers et autres lieux non fermés. Il y fait une ronde trois fois par jour, savoir : à sept heures du matin en hiver, à cinq heures en été, à la nuit tombante et à minuit, pour s'assurer que tout est dans l'ordre, que les portes sont bien closes, et que rien ne fait craindre pour la sûreté de l'établissement.

119. Il veille à ce que l'éclairage soit bien fait, et à ce que le frottage et le balayage soient régulièrement exécutés, et il exerce généralement sa surveillance sur le service des garçons de salle et des portiers.

120. Il surveille le réservoir de la grande cour et celui qui est placé dans le local occupé par la section des cartes géographiques et plans; il s'assure qu'ils renferment une quantité d'eau suffisante soit pour les besoins de l'établissement, soit pour les secours en cas d'incendie.

121. Tous les matins, avant dix heures, le chef de service se rend chez le directeur, ou, en cas d'empêchement de celui-ci, chez le vice-président, pour recevoir ses ordres.

122. Pendant les séances du Conservatoire, il se tient à portée de recevoir des ordres et de les transmettre à qui de droit.

123. Un des garçons de service est chargé de toutes les commissions nécessaires pour l'établissement.

124. Les menues dépenses pour achat de balais, cire à parquet, linge, etc., sont faites par le chef de service, d'après l'usage suivi à cet égard.

CHAPITRE II.

PORTIERS.

125. La porte royale, rue Richelieu, étant destinée au service public, est ouverte tous les jours avant dix heures du matin jusqu'à trois heures, en toute saison.

126. Les dimanches et fêtes elle est fermée toute la journée.

127. Le gardien de cette porte se tient en dehors de son logement, depuis l'ouverture de la Bibliothèque jusqu'à la clôture.

128. Il surveille attentivement les personnes qui entrent et qui sortent, et, en aucun temps, il ne laisse sortir ni livre, ni carton, ni aucun autre objet sans un *laissez-passer* signé d'un conservateur. Il garde ces *laissez-passer*, et il les remet le soir au conservateur qui les a délivrés.

129. Il fait déposer à la porte armes, cannes et parapluies, et ne reçoit aucune rétribution pour la garde de ces objets.

Toute infraction à cet égard pourrait être suivie de la révocation.

130. La porte sur la rue Neuve-des-Petits-Champs est fermée tous les jours pendant toute la journée.

131. Après minuit elle est fermée à la grosse clef.

132. Le portier de la maison rue Colbert surveille les personnes qui entrent au cabinet des médailles ou qui en sortent; il exige un *laissez-passer* de celles qui portent un livre, un carton ou un objet quelconque.

133. La porte intérieure qui communique de la cour du petit hôtel avec le bâtiment de la Bibliothèque est fermée tous les

jours pendant toute la journée. Les conservateurs, les conservateurs-adjoints et les employés logés dans l'établissement, en ont seuls la clef. Les conservateurs seuls ont la clef de la double serrure de cette porte.

134. Pendant toute la durée du service public, le chef de service, les garçons, les portiers, sont tenus de porter la livrée qui leur est assignée.

135 Le présent règlement sera adressé au Conservatoire de la Bibliothèque royale, pour recevoir son exécution à compter de ce jour.

Paris, le 26 mars 1833.

Signé Guizot.

XVI

Conformément aux dispositions énoncées dans l'ordonnance du 14 de ce mois (novembre 1832), le roi a approuvé l'état présent de la Bibliothèque royale, arrêté ainsi qu'il suit :

1er département. — *Imprimés.*

MM.	
Van-Praët, Ch Magnin.	Conservateurs.
Barbier-Vémars, Ballin.	Conservateurs-adjoints.
Dubeux.	Premier employé.
Jallot, Pillon, De Manne, Martin, Richard, Thévenin, Verger, Lafaist, Klein.	Employés.

2ᵉ DÉPARTEMENT. — *Manuscrits.*

Dacier, Champollion-Figeac, Hase.	Conservateurs.
Reinaud, Fauriel.	Conservateurs-adjoints.
Guérard, Paulin-Pâris, Lacabane, A. Champollion. Audiffret.	Employés.

3ᵉ DÉPARTEMENT. — *Médailles et antiques.*

Raoul-Rochette, Letronne.	Conservateurs.
Mionnet. Ch. Lenormant.	Conservateurs-adjoints.
Dumersan.	Premier employé.
Muret.	Deuxième employé.

4ᵉ DÉPARTEMENT. — *Estampes, cartes et plans.*

Thévenin, Jomard.	Conservateurs.
Duchesne aîné.	Conservateur adjoint.
Duchesne-Tausin, Delagarde, Devoix.	Employés.

Comptabilité.

Duchesne aîné, conservateur-adjoint, trésorier, chargé de la comptabilité de la Bibliothèque.

XVII

RAPPORT AU ROI.

Du 22 février 1839.

Sire,

Le service des Bibliothèques publiques a pris dans ces derniers temps, grâce au rapide développement de tous les travaux de l'esprit sous la double influence de la paix générale et des institutions libres, une importance toujours croissante. La forte impulsion imprimée par mon prédécesseur, et continuée depuis, à la recherche de tous les monuments de la paléographie et de l'histoire nationale ; l'Institution récente des séances du soir, qui s'est rapidement étendue aux villes même de second et de troisième ordre ; les mesures adoptées en même temps pour régulariser le *dépôt légal* et consacrer les neuf ou dix mille volumes par an qu'il fournira désormais, ainsi que les ouvrages qui proviennent des souscriptions aux établissements publics ; la création enfin d'un vaste système d'échange des doubles et incomplets entre toutes les Bibliothèques du royaume, mesure qui mettra en circulation des richesses enfouies jusque là, et servira, soit à doter des bibliothèques anciennes et pauvres, soit à en créer de nouvelles ; toutes ces causes, Sire, font sentir plus vivement chaque jour le besoin d'introduire dans les diverses branches de ce service l'ordre, l'ensemble, la régularité.

Sous ce rapport, Sire, presque tout est à faire. Les bibliothèques publiques de nos départements n'ont point de règlement commun. Pour les achats, l'entretien, la conservation, rien n'est institué.

A Paris même, les Bibliothèques Mazarine, Sainte-Geneviève

et de l'Arsenal, attendent encore, depuis près de cinquante ans qu'elles sont ouvertes, la constitution qui leur a été souvent promise.

Aux premiers jours de votre règne, Sire, en 1831, une savante commission, à la tête de laquelle siégeait Cuvier, fut appelée à rassembler les matériaux d'une ordonnance royale qui remédiât aux nombreux désordres que cet état de choses avait entraînés. Le travail de cette commission, dans la multiplicité de nos vicissitudes politiques, est resté sans résultat depuis huit années. De cette sorte, la police de ces grands établissements, la garde fidèle des richesses qu'ils renferment, l'intelligence et la régularité des acquisitions, la comptabilité enfin, sont entièrement livrées à la sollicitude spontanée des administrateurs. L'administration est sans contrôle, les fonctionnaires sans garanties, les nominations sans conditions de capacité. Le personnel, dans l'absence de toute organisation, a toujours été croissant; et le budget, destiné avant tout aux acquisitions, à la reliure, à l'entretien, s'est trouvé entièrement envahi. Une bibliothèque qui compte à peine trente lecteurs par jour, possède jusqu'à douze conservateurs ou bibliothécaires. Les grades, les fonctions, les traitements, sont sans analogie d'un établissement à l'autre. Ce qui est plus grave, nulle part des catalogues exacts et complets n'existent. Le service du prêt des livres est partout l'occasion de sérieux dommages; et le système des acquisitions, réduit dans ses moyens par l'extension démesurée du personnel, est en outre privé de direction, d'ensemble et de contrôle. En présence de cet état de choses, le ministre qui forma la commission de 1831 s'exprimait ainsi :

« Les bibliothèques secondaires de Paris n'ont, depuis quarante ans, accru que très médiocrement leur fonds primitif. La presque-totalité de la faible somme que le budget leur alloue est absorbée par les dépenses du personnel. Ces établissements, qui étaient, en 1792, pourvus des plus récents et des meilleurs ouvrages en tous genres, sont aujourd'hui arriérés sur tous les points; c'est une véritable décadence. »

Et la commission, à son tour, disait au ministre, dans son rapport :

« Il est évident que la décadence qui menace ces grands établissements scientifiques tient à un même ordre d'abus. Si le public se plaint, avec raison, de ce que ces dépôts littéraires sont bien éloignés d'être au niveau des connaissances européennes, comme ils l'étaient en 1789, c'est que tous trois sont en proie à une même sorte de désordres, l'envahissement du matériel par le personnel ; c'est qu'il y a superfétation dans les emplois supérieurs, absence de travail dans les fonctionnaires de tout rang ; c'est qu'aucune prévision administrative n'a réglé la nomination, l'avancement, la comptabilité, le service ; et c'est là, Monsieur le Ministre, ce que vous avez parfaitement fait sentir dans votre rapport au roi. »

Après huit années, Sire, Votre Majesté voudra régler de si précieux intérêts.

La Bibliothèque du roi, de son côté, appellera aussi l'attention de Votre Majesté. Cet immense dépôt de presque toutes les pensées humaines est bien loin d'être constitué d'une façon conforme aux conditions du régime constitutionnel, non plus qu'aux besoins publics. Les réclamations élevées au sein des Chambres l'attestent suffisamment.

La première organisation que la révolution créa, celle du décret ou loi réglementaire du 25 vendémiaire an IV, peu après supprimée, restituée, modifiée par des arrêtés ministériels, reposait sur une administration collective, et par conséquent irresponsable, de huit conservateurs, chargés, à titre égal, sous la présidence d'un directeur, qu'ils élisaient annuellement dans leur propre sein, de régir l'établissement, d'ordonner les dépenses, de nommer aux emplois, et de se recruter eux-mêmes au moyen de l'élection. Dans ce système, la puissance publique renonçait à toute action, à tout contrôle sur la gestion de tant d'inappréciables richesses. La Bibliothèque était un état dans l'état. Aucun lien ne la rattachait, pour la subordination, la surveillance, la comptabilité, à l'administration générale du pays.

Cet état de choses était trop contraire aux principes du gouvernement constitutionnel, qui veulent partout le contrôle et la responsabilité pour subsister sous leur empire. En 1828, à une époque où ils s'établissaient sans contestation, fut abolie une organisation sous laquelle tous les désordres et tous les abus s'étaient introduits dans toutes les parties du service. L'ordonnance du 2 novembre 1828 créa l'autorité au sein de la Bibliothèque, en réduisant le nombre des conservateurs à celui des départements entre lesquels l'établissement se divisait, ce qui était donner à chaque département un chef; elle créa la subordination des pouvoirs en évoquant au ministre toutes les nominations et ne laissant au Conservatoire qu'un simple droit de présentation par de triples listes. Elle posa le principe de la division de l'autorité administrative et de l'autorité délibérante, en rappelant le Conservatoire à la dénomination de conseil d'administration, et instituant, pour le président ou directeur choisi dans son sein, des attributions plus étendues et plus positives; elle rétablit l'empire de la responsabilité ministérielle en soumettant à la surveillance du ministre toutes les dépenses de la Bibliothèque et déclarant que le ministre ferait à l'avenir *tous les règlements nécessaires en ce qui concerne l'administration en général, le service public et la police intérieure de l'établissement*, nomenclature qui comprend tout.

Telles furent les améliorations accomplies en 1828, Sire. Elles se trouvèrent impuissantes pour parer à tous les vices du principe sur lequel la nouvelle organisation reposait encore. L'administration était restée collective. Par là, elle manquait de ces deux ressorts nécessaires qui se servent d'appui et de contre-poids l'un à l'autre, la force et la responsabilité. Toute direction manquait à la tête de l'établissement; toute ardeur devait continuer à manquer dans les rangs des employés, auxquels nul avancement n'était garanti. Le désordre alla croissant. Après trois années, le 14 novembre 1832, l'un de mes prédécesseurs, dans un rapport à Votre Majesté, où les deux organisations n'étaient pas distinguées l'une de l'autre, parce qu'en effet elles avaient la conformité du même vice fondamental, s'exprimait ainsi :

« Sire, tous les bons esprits sont frappés, depuis long-temps, des inconvénients que présente l'organisation actuelle de la Bibliothèque du roi, des abus qu'elle fait naître ou qu'elle ne prévient pas, et de la nécessité d'y porter enfin remède. La cause du mal, on ne peut pas se le dissimuler, est dans la constitution même de la Bibliothèque..... Depuis l'époque où la Bibliothèque fut constituée, le gouvernement lui-même a changé; les principes de la liberté ont été garantis par des institutions nouvelles; la responsabilité ministérielle a été fondée. C'est donc une conséquence et l'une des plus précieuses garanties du gouvernement sous lequel nous vivons aujourd'hui, que les administrations spéciales soient partout mises en rapport avec l'administration générale dont elles relèvent. L'administration de la Bibliothèque du roi échappe encore, par son ancienne institution, à cette règle d'ordre public .... Cette administration collective, isolée et indépendante dans tous ses actes, est en quelque sorte détachée du pouvoir central de l'État. Elle gère, à elle seule, toutes les affaires intérieures de la Bibliothèque; elle dispose de l'avancement des employés, des fonds portés au budget de l'établissement, des logements affectés aux divers fonctionnaires, des objets mêmes qui font partie du dépôt. Et de là doivent naître et sont nés, en effet, des abus qui ont nui grandement au service public, aux intérêts permanents de la Bibliothèque elle-même, et contre lesquels l'autorité supérieure n'a aucun moyen de mettre sa responsabilité à couvert. »

L'ordonnance de Votre Majesté en date du 14 novembre 1832 suivit ce rapport. Elle donnait au ministre un moyen d'action sur le conseil d'administration, en accordant aux conservateurs-adjoints que l'ordonnance de 1828 avait créés l'entrée du Conservatoire, avec faculté pour le ministre de leur conférer, quand il le jugerait convenable, voix délibérative. Elle rendait à l'autorité royale la nomination du directeur de la Bibliothèque; elle ne laissait au Conservatoire, pour cette nomination comme pour toutes les autres, que la triple présentation, et étendait à cinq années la durée de cette magistrature, annuelle jusqu'alors. Pour tous les emplois supérieurs, elle assujettissait le Conservatoire, dans l'exercice du droit de présentation, à l'obligation de choisir dans la Bibliothèque même l'un des candidats. Elle créait pour le service de la comptabilité un emploi de trésorier; elle introduisait les principes de la comptabilité publique dans le service des dépenses; et le règlement ministériel qui intervint, pour éviter à l'avenir des calomnies encore plus que des abus, interdit à tous les fonctionnaires de la Bibliothèque la possession privée de collections analogues à celles dont ils étaient les gardiens.

Mais, en même temps, l'ordonnance supprima le conservateur unique de chaque département, pour y avoir des conservateurs nombreux et à titre égal, ce qui détruisit toute autorité. L'autorité du directeur, en se prolongeant, restait plus pesante au Conservatoire sans être en réalité plus efficace, et il pouvait arriver que les élections suivantes fussent calculées de manière à le prémunir contre une autorité importune, quoique impuissante. Dans tous les cas, ce chef indépendant et irresponsable ne remplissait pas les conditions de l'autorité dans notre gouvernement. Le bien qu'il pouvait faire devait être spontané. Le ministre par qui s'exécute la pensée du gouvernement, par qui se réalise celle des chambres, était sans action sur lui. L'utile création d'un trésorier devenait inefficace, parce qu'il était choisi dans le Conservatoire, qu'il cumulait ces nouvelles fonctions, affaiblies et dénaturées par là, avec celles des autres gérants de la Bibliothèque, et que, dans tous les cas, il était en dehors du contrôle et de la direction de la puissance publique. Le principe, en un mot, sur lequel cette troisième organisation roulait encore la rendait impuissante pour le bien comme les deux autres.

En effet, l'administration, la délibération, la comptabilité, sont demeurées réunies et confondues; un corps inamovible et perpétuel y pourvoit. Malgré les lumières et le zèle des personnes, cet état de choses a dû porter ses fruits. Les abus signalés en 1832 n'ont pas été détruits; l'ordre n'a pu pénétrer dans toutes les parties de ce vaste établissement. Le service du prêt des livres, celui des acquisitions de livres, de manuscrits, de médailles, de cartes géographiques, sont restés dans le même état. La répartition des fonds du budget entre les divers départements a été l'objet des mêmes difficultés. Les catalogues n'ont pas pu être dressés; l'œuvre d'un inventaire général n'a même pas été tentée. La France possède là des richesses scientifiques, des richesses matérielles qu'elle ignore, que tout le monde ignore à la Bibliothèque même. Ce rendez-vous de toutes les publications du siècle, par ses accroissements sans nombre et sans terme, a lassé le courage de ceux qui étaient chargés d'en faire le dénombrement. Il a fallu toute leur active sollicitude pour maintenir les choses au point où on les voit aujourd'hui. On ne peut trop les louer des améliorations qu'ils ont introduites par leur dévoûment volontaire et libre. Les hommes ont valu mieux que l'institution. Mais il n'y a de garanties que dans les institutions, et c'est là que Votre Majesté voudra les placer.

Les chambres, frappées du désordre progressif où l'accumulation même de nos richesses bibliographiques a plongé la Bibliothèque du roi, ont voté, sur ma proposition, l'emploi d'annuités montant à 1,264,000 fr. pour inventorier enfin, pour cataloguer, pour restaurer, pour régulariser, pour compléter cet immense dépôt. C'est attaquer le mal puissamment dans ses effets matériels. Mais, Sire, il faut l'attaquer dans ses causes. Au moment où ce fonds, témoignage remarquable de la sollicitude éclairée de tous les pouvoirs publics pour les intérêts intellectuels du pays, commence à s'employer, le ministre qui l'a demandé a besoin que sa responsabilité soit couverte par une administration à la fois forte et subordonnée.

Je propose à Votre Majesté de séparer définitivement l'administration, la délibération, la comptabilité. Le Conservatoire, composé d'hommes éminents dans les sciences ou dans les lettres, n'aura plus à employer son temps à des détails d'ordre intérieur et de police indignes de lui. L'administration tout entière, la surveillance générale, la responsabilité, qu'un homme de haute probilité et de courageux dévoûment pourra seul accepter tout entière, seront dévolues à un délégué de l'autorité royale, et, par là, la responsabilité ministérielle, première loi du gouvernement représentatif et nécessaire ressort de l'autorité des chambres, sera rendue à toute son action. Un conservateur unique portera dans chaque département le principe d'autorité qui régira l'établissement tout entier. Le Conservatoire verra ses attributions consacrées et agrandies : il délibérera sur toutes les matières qui lui étaient soumises; il connaîtra de matières nouvelles, de toutes celles qui intéressent la bibliographie, la numismatique, la géographie, l'ethnographie françaises, et pour lesquelles il deviendra le conseil du ministre dépositaire de ces grands intérêts; le personnel entier lui sera subordonné d'une façon plus complète que par le passé, parce qu'une large part à l'avancement sera formellement faite à tous les fonctionnaires de la Bibliothèque, et que cette part sera dévolue à la délibération du Conservatoire et à la proposition de chaque conservateur. Le Conservatoire n'interviendra pas dans les nominations qui auraient lieu en dehors de la Bibliothèque, parce que rien n'indique qu'il puisse, avec certitude, et d'une façon indépendante de combinaisons personnelles ou partiales, choisir les écrivains, les savants qu'il serait bon et utile d'appeler au service de la Bibliothèque du roi; il choisirait d'ailleurs sans que personne répondit des choix. Tandis que les fonctionnaires de tout ordre voient pour la première fois depuis cinquante ans leur avenir assuré, le petit nombre de nominations qui ne seraient pas faites parmi eux seront de plus astreintes à des conditions qui les relèvent tous, que la raison publique eût tracées. Les conservateurs, à l'avenir, seront honorés de la nomination royale. Le ministre, dans les choix qu'il soumet à Votre Majesté, est obligé d'assurer toujours dans le Conservatoire des représentants des cinq Académies de l'Institut. Jusqu'à présent, l'Académie des inscriptions et belles-lettres y siégeait seule. Il est facile de comprendre les inconvénients de cette longue exclusion de tous les intérêts de la jurisprudence, de la philosophie, des sciences mathématiques ou physiques, des arts, de la littérarature proprement dite, dans la composition d'un corps obligé à l'intelligence et à l'investigation de tous les monuments de la généralité des connaissances humaines.

Pour ce qui est du chef responsable de l'établissement, Sire, Votre Majesté aura à se préoccuper de plusieurs ordres d'intérêts. Plus tard, cette place sera une éclatante et digne récompense pour un de ces écrivains ou de ces savants qui illustrent toute une époque. Aujourd'hui, aux talents qui rendent dignes de siéger à l'Institut et de présider au Conservatoire, en y représentant quelques branches importantes de savoir, telles que l'économie publique, la jurisprudence, la politique, devront se joindre les connaissances éprouvées de l'administrateur, l'habitude et le respect de cette foule de règles qui font de l'administration et de la comptabilité françaises les modèles de l'Europe, et qu'il est temps de faire régner dans la Bibliothèque du roi. Je proposerai, Sire, à Votre Majesté, un choix que l'estime publique ratifie, et qui prouve bien que la place n'a pas été créée pour un homme, que l'homme a été cherché pour la place, quand la nécessité s'en est fait sentir.

Les fonctions assignées à l'agent comptable, les dispositions relatives aux logements, les conditions mises au prêt des livres, aux acquisitions, aux échanges, les précautions prises pour la confection des catalogues, les désignations plus élevées et plus convenables données aux fonctionnaires de second ordre, sont autant de mesures qui se justifient d'elles-mêmes. Le titre II étend toutes ces dispositions aux grandes bibliothèques de la capitale. Il n'y aura plus qu'un conservateur par établissement, et son autorité sera mieux définie. Le personnel sera restreint dans l'avenir; mais dès à présent le bienfait d'un avancement régulier est aussi assuré à tous. Des conditions sont imposées à l'arbitraire des nominations. Des conseils d'administration sont institués. Le travail des catalogues est assuré. Un comité d'achats est établi, qui évitera les doubles emplois, et fera prévaloir uniquement tous les intérêts de la science et ceux du service public. De là naîtra naturellement l'introduction graduelle de la spécialité des achats, qui amenera sans transition brusque celle des établissements que la commission de 1831 avait voulue. Ce comité des achats est placé sous l'autorité du ministre. Dans le système nouveau, le ministre, à qui tout le monde peut demander compte, sera en mesure de rendre compte de tout.

Le titre III, pour la première fois, trace des règles aux diverses bibliothèques publiques du royaume. Là, l'autorité centrale ne peut exercer qu'une mission de surveillance et de conseil. Il n'est posé que des principes simples, conformes aux intérêts de tous, propres à soutenir et guider le zèle, point à l'inquiéter, et assurant l'exécution des mesures prises dans ces derniers temps pour conserver et accroître tous ces dépôts épars, en mettant en lumière les richesses qu'ils renferment, et en circulation celles qui étaient perdues pour tous.

Le titre IV, Sire, purement transitoire, conserve à chacun les avantages dont il est en possession aujourd'hui. Les bonnes réformes sont celles qui préfèrent à la promptitude la bienveillance et la justice. Un ministre serait sans courage contre les abus si, pour les frapper plus vite, il fallait atteindre un homme, surtout lorsqu'il s'agit d'hommes honorés par de longs et utiles travaux. L'important ici n'était pas d'opérer immédiatement l'économie qui résulte de la suppression des offices et des traitements surabondants : celle-là est assurée pour l'avenir, et je l'avais preparée à l'avance en m'abstenant depuis vingt-deux mois de toute nomination, en me refusant avec persévérance, pour arriver au but que je me proposais, à remplir les vacances considérables qui ont eu lieu à la Bibliothèque du roi. Ce qui importe, Sire, c'est d'obtenir une économie plus grande et plus digne de la France, je veux dire le bon emploi des deniers, leur affectation à leur destination réelle, enfin la mise en ordre, la conservation vigilante, l'accroissement intelligent et régulier de nos trésors bibliographiques : ces avantages, Sire, sont acquis dès à présent par l'ordonnance que tant d'essais infructueux ont préparée. Au sein de toutes les bibliothèques, au sein de la première de toutes, de celle qui compte et parmi nos richesses et parmi nos gloires nationales, elle crée, avec l'autorité, le contrôle et la responsabilité, cette force d'impulsion sans laquelle le bien ne peut que difficilement se tenter, et jamais s'accomplir jusqu'au bout. C'est par là, Sire, que ses dispositions, calculées toutes pour assurer des intérêts chers à la France éclairée, sont dignes d'être soumises avec confiance à l'approbation de Votre Majesté.

Le Ministre secrétaire d'état au département de l'instruction publique, grand-maître de l'Université de France,

SALVANDY.

XVIII

ORDONNANCES DU ROI.

1

Du 22 février 1839.

LOUIS-PHILIPPE, ROI DES FRANÇAIS,

A tous présents et à venir, salut.

Vu les ordonnances royales en date des 2 novembre 1828 et 14 novembre 1832, portant organisation de la Bibliothèque du roi;

Vu l'arrêté, en date du 15 août 1831, qui instituait une commission pour examiner l'état des autres bibliothèques publiques de Paris, et présenter un travail sur les réformes et améliorations à introduire dans leur régime;

Ensemble le rapport de ladite commission, en date du ..... 1831, et les projets de règlements y annexés;

Sur la proposition de notre ministre secrétaire d'état au département de l'instruction publique,

Nous avons ordonné et ordonnons ce qui suit :

TITRE PREMIER.

DE LA BIBLIOTHÈQUE DU ROI.

Art. 1er. La Bibliothèque du roi est divisée en six départements, savoir :

1° Service public ;

2° Livres imprimés ;

3° Manuscrits, chartes et diplômes ;

4° Médailles, pierres gravées et antiques ;

5° Estampes ;

6° Cartes géographiques, plans et collections ethnographiques.

2. Chaque département peut être divisé en sections. Le département est placé sous l'autorité d'un conservateur ; les sections sont placées sous la surveillance et la direction d'un conservateur-adjoint.

Le conservateur, chef du département, est en même temps chargé d'une section, à moins de décision contraire de notre ministre de l'instruction publique. Un conservateur-adjoint peut être attaché aux départements qui ne sont pas divisés en sections ; il assiste le conservateur et le supplée.

Le règlement intérieur détermine l'autorité des conservateurs sur le département auquel ils sont préposés, et celle des conservateurs-adjoints sur les sections.

3. Le département des manuscrits se divise en six sections, savoir :

1° Chartes et diplômes ;

2° Manuscrits chinois et haute Asie ;

3° Manuscrits sanscrits et Asie centrale ;

4° Manuscrits arabes et Asie antérieure ;

5° Manuscrits grecs et latins ;

6° Manuscrits français et langues modernes.

4. Un arrêté spécial déterminera le nombre d'employés, d'auxiliaires et de surnuméraires nécessaires par département, et, quand il y a lieu, par section. Les employés prennent le nom de

bibliothécaires et sous-bibliothécaires à la Bibliothèque du roi; les auxiliaires prennent le nom d'employés; le nombre des surnuméraires ne peut pas excéder celui des employés. Chaque bibliothécaire a une spécialité; une spécialité peut être affectée aux sous-bibliothécaires, employés et surnuméraires.

5. Les conservateurs et les plus anciens des conservateurs-adjoints par département constituent le conseil d'administration ou Conservatoire. Ils y ont également voix délibérative. Le Conservatoire délibère sur tout ce qui concerne la bibliographie, la numismatique, la géographie, l'ethnographie, l'entretien des collections de toute nature, les dons, achats ou échanges, la confection et la tenue des catalogues, les règlements relatifs au service public, enfin le budget, les dépenses et les comptes. Il discute le règlement intérieur et donne son avis sur toutes les matières dont notre ministre de l'instruction publique le saisit, soit dans l'intérêt de la Bibliothèque du roi, soit dans l'intérêt général de la bibliographie française et des bibliothèques publiques du royaume.

Le procès-verbal des séances est tenu en double expédition, et continue à être régulièrement transmis à notre ministre de l'instruction publique. Les délibérations deviennent exécutoires par l'approbation de l'administrateur général, président du Conservatoire, qui est nommé par nous.

6. L'administration proprement dite, la correspondance, la police, les mesures d'ordre, la répartition du travail, la nomination et la révocation des gens de service, appartiennent exclusivement à l'administrateur général.

En cas d'empêchement, il est suppléé par le président honoraire quand il y a lieu, ou par le vice-président, qui sera annuellement élu par le Conservatoire.

7. L'administrateur général de la Bibliothèque du roi réside près la Bibliothèque; il répond de ce dépôt national; il en fera dresser l'inventaire.

L'administrateur général veille spécialement à la sûreté des livres, manuscrits, médailles, estampes, cartes, plans, collections de toute nature; il est responsable de la confection des registres et des catalogues, et de l'observation de toutes les règles établies ou à établir, tant pour le bon emploi des deniers que pour la régularité des dépenses.

Le personnel, le matériel, la comptabilité, sont placés sous son autorité.

8. L'administrateur général seul correspond au nom de la Bibliothèque du roi. Il correspond exclusivement avec notre ministre de l'instruction publique.

Il adresse tous les mois au ministre un état des achats de livres, manuscrits, médailles, antiques, cartes, estampes, faits ou délibérés; ledit état comprenant les prix de vente, les remises et autres indications.

Il adresse tous les trois mois un état des produits du dépôt légal, avec un rapport, s'il y a lieu, sur les causes de l'inexécution de la loi.

Indépendamment des catalogues qui devront être mis et tenus à jour par les soins de l'administrateur général, un registre d'entrée sera établi dans chaque département à sa diligence; l'expédition en est adressée annuellement par lui à notre ministre de l'instruction publique, pour être annexé au grand-livre des bibliothèques de France, institué au ministère de l'instruction publique.

Il sera dressé un état particulier des doubles et incomplets de la Bibliothèque, lequel ne doit comprendre que les exemplaires d'une même édition, et sera déposé au ministère de l'instruction publique, pour concourir au système d'échanges établi entre toutes les bibliothèques du royaume.

L'administrateur général fera opérer, dans le département des manuscrits, le récolement et le catalogue des peintures, dessins et miniatures; il pourra être attaché un employé spécial à leur garde.

9. L'administrateur général ne consent d'échanges, soit avec les particuliers, soit avec les établissements publics, qu'avec l'autorisation préalable de notre ministre de l'instruction publique.

Toute espèce de dons et ventes demeure interdite. Le ministre reçoit les dons adressés à la Bibliothèque du roi, et accorde seul les autorisations pour prêt de livres. Elles ne comprennent point les livres nouveaux et les livres usuels. Il faut une autorisation expresse pour le prêt des manuscrits. Il sera tenu un état des personnes ainsi autorisées et un registre des livres prêtés. Tous les ans, aux vacances, l'ouvrage qui sera prêté depuis plus de six mois devra être redemandé; l'inexécution des conditions ci-dessus entraînera, en cas de perte ou dommage, la responsabilité personnelle du fonctionnaire qui aurait remis les ouvrages indûment, ou celle du conservateur qui n'aurait point assuré la rentrée en temps utile.

L'administrateur général tient la main à l'exacte observation de ces prescriptions.

10. L'administrateur général fera restituer à chaque collection les parties qui en ont été distraites, les cartes au département des cartes, les manuscrits au département des manuscrits.

Il maintient toutes les parties de l'établissement à la disposition du public (y compris les chartes et diplômes), dans les limites fixées au règlement intérieur.

11. La Bibliothèque est ouverte, dans les mois d'été, de neuf heures du matin à quatre heures de l'après-midi.

Les vacances s'étendent du 15 août au 15 octobre. La vacance de la quinzaine de Pâques, à dater de l'année 1840, sera supprimée.

Toute interruption du service public qui deviendrait nécessaire devrait être ordonnée par notre ministre de l'instruction publique. En cas d'urgence, elle le sera provisoirement par l'administrateur général.

12. Il y a, sous l'autorité de l'administrateur général, un agent comptable de la Bibliothèque du roi, qui fait partie du Conservatoire et y tient la plume. Il porte le titre de secrétaire-trésorier de la Bibliothèque; il est chargé de toutes les écritures, inventaires, états et registres d'ordre.

Le secrétaire-trésorier est nommé par nous. Les fournitures, les prix d'acquisition, les conditions d'échange, les frais d'entretien des collections, du matériel, sont placés sous sa responsabilité.

13. Les conservateurs et conservateurs-adjoints sont nommés par nous; ils doivent l'être de manière à ce que les cinq Académies de l'Institut soient toujours représentées dans le Conservatoire.

Toutefois, sur deux vacances, les bibliothécaires ont droit à une nomination, laquelle a lieu d'après une liste double de candidats délibérée par le Conservatoire, sur la proposition des conservateurs de chaque département.

14. Les bibliothécaires et sous-bibliothécaires sont nommés par notre ministre de l'instruction publique. Les premiers et les seconds exercent les mêmes fonctions; ils ne sont distingués que par les traitements. Les bibliothécaires sont toujours choisis parmi les sous-bibliothécaires; ils ne peuvent excéder la moitié du nombre total. Nul ne passe de la seconde classe à la première s'il n'a trois ans de service dans sa position actuelle. Ces promotions ont lieu sur la proposition des conservateurs de chaque département et le rapport de l'administrateur général.

Les sous-bibliothécaires sont choisis, soit parmi les employés, soit parmi les fonctionnaires des autres bibliothèques publiques de Paris, soit parmi les professeurs de l'Université ou des écoles spéciales, les gradués des langues orientales, et les savants ou hommes de lettres, dont les titres seront mentionnés dans l'arrêté de nomination.

Toutefois, sur deux vacances, les employés ont droit à une nomination; cette nomination a lieu d'après une liste double de candidats délibérée par le Conservatoire, sur la proposition du conservateur de chaque département.

15. Les employés sont nommés par notre ministre de l'instruction publique, soit parmi les surnuméraires ayant au moins deux ans de service, ou les fonctionnaires des autres bibliothèques de Paris, soit parmi les membres de l'Université, les archivistes des départements, les attachés aux travaux historiques, les élèves de l'école des chartes, les écrivains et savants, dont les titres seront mentionnés dans l'arrêté de nomination.

Les surnuméraires sont nommés par notre ministre de l'instruction publique dans les mêmes conditions que les employés.

16. Les traitements sont fixés ainsi qu'il suit :

Administrateur général, 18,000 f.

Conservateurs, 6,000 f.

Conservateurs-adjoints, 4,000 f.

Bibliothécaires, 2,500 f.

Sous-bibliothécaires, 1.800 f.

Employés, 1,500 f.

Secrétaire-trésorier, 5,000 f.

17. Les surnuméraires sont révoqués par le ministre, sur la proposition de l'administrateur général et l'avis préalable des conservateurs sous les ordres de qui ils étaient placés.

La révocation des bibliothécaires, sous-bibliothécaires et employés, ne peut être prononcée qu'après information et avis du Conservatoire.

18. Les conservateurs ont, autant que possible, des logements à la Bibliothèque du roi. Le secrétaire-trésorier y réside nécessairement. Aucun autre logement ne pourra être concédé. Aucun ne peut excéder la concession régulièrement prononcée. L'administrateur général veille strictement à l'exécution de ces dispositions.

19. Le budget de la Bibliothèque du roi est établi par départements. Dans chaque département il se divise en trois articles : personnel, matériel proprement dit, et frais d'achats, d'échanges, de reliure et de conservation. Aucune transposition de fonds ne peut avoir lieu, soit d'un article à un autre article, soit d'un département à un autre département, sans l'autorisation préalable de notre ministre de l'instruction publique.

20. Ces règles s'appliquent aux annuités extraordinaires de 110,000 f. portées, à dater de 1839, en la loi des finances pour la confection des catalogues arriérés et les acquisitions urgentes de la Bibliothèque du roi. L'emploi de ces annuités, délibéré en Conservatoire, sera arrêté par notre ministre de l'instruction publique, au commencement de chaque exercice, sur la proposition de l'administrateur général.

Tous les trois mois l'administrateur général rend compte à notre ministre de l'instruction publique de l'état des travaux compris dans ce service ; il ne peut être fait aucun changement à la répartition des fonds ni à leur destination, sans l'approbation préalable de notre ministre de l'instruction publique.

TITRE IV.

DISPOSITIONS TRANSITOIRES.

43. Les réductions du personnel résultant de la présente ordonnance n'auront lieu qu'au fur et à mesure des extinctions.

Chacun conserve les logements qui lui ont été régulièrement concédés.

Chacun prendra immédiatement les titres que la présente ordonnance lui confère. Ceux qui auraient droit à un accroissement de traitement en jouiront au fur et à mesure des extinctions, dans les limites des crédits portés aux lois de finances.

Les excédants des crédits alloués pour le personnel seront reportés sur le fonds des acquisitions.

44. Les départements de la Bibliothèque du roi qui ont deux conservateurs, contrairement à la règle posée en la présente ordonnance, seront représentés au Conservatoire par les deux conservateurs. Les attributions anciennes des conservateurs et les attributions nouvelles du conservateur chef de chaque département seront exercées en commun, conformément aux usages existants.

45. Notre ministre secrétaire d'état au département de l'instruction publique, grand-maître de l'Université de France, est chargé de l'exécution de la présente ordonnance.

LOUIS-PHILIPPE.

Par le roi :

Le Ministre secrétaire d'état au département de l'instruction publique, grand-maître de l'Université,

Salvandy.

2

Du 22 février 1839.

LOUIS-PHILIPPE, roi des Français,

Sur le rapport de notre ministre secrétaire d'état au département de l'instruction publique, grand-maître de l'Université,

Nous avons ordonné et ordonnons ce qui suit :

Art. 1er. M. Dunoyer (Charles), conseiller d'état, membre de l'Académie des sciences morales et politiques, est nommé administrateur général de la Bibliothèque du roi.

2. Notre ministre secrétaire d'état au département de l'instruction publique, grand-maître de l'Université, est chargé de l'exécution de la présente ordonnance.

LOUIS-PHILIPPE.

Par le roi :

Le Ministre secrétaire d'état au département de l'instruction publique, grand-maître de l'Université,

SALVANDY.

3

Du 22 février 1839.

LOUIS-PHILIPPE, roi des Français,

A tous présents et à venir, salut.

Sur le rapport de notre ministre secrétaire d'état au département de l'instruction publique, grand-maître de l'Université,

Nous avons ordonné et ordonnons ce qui suit :

Art. 1er. M. Jomard est nommé président honoraire du Conservatoire de la Bibliothèque du roi.

2. Notre ministre secrétaire d'état au département de l'instruc-

tion publique, grand-maître de l'Université, est chargé de l'exécution de la présente ordonnance.

LOUIS-PHILIPPE.

Par le roi :

Le Ministre secrétaire d'état au département de l'instruction publique, grand-maître de l'Université,

SALVANDY.

XIX

LOUIS-PHILIPPE, roi des Français,

A tous présents et à venir, salut.

Vu les dispositions réglementaires de la loi du 25 vendémiaire an IV;

Vu les ordonnances du 2 novembre 1828 et du 14 novembre 1832;

Vu l'ordonnance du 22 février 1839, relative à l'administration de toutes les bibliothèques publiques du royaume;

Considérant que la grande étendue et l'accroissement continuel des dépôts divers qui forment la Bibliothèque royale exigent, indépendamment de la surveillance et de la responsabilité particulière attachée à chacun de ces dépôts, une direction unique et centrale qui surveille l'ensemble de l'établissement et la généralité du service;

Considérant qu'il importe de joindre à cette unité de surveillance l'avantage d'une délibération éclairée qui puisse s'appliquer constamment à toutes les parties de l'administration de la Bibliothèque, et en apprécier tous les besoins;

Considérant qu'il importe également d'assurer, par les règles prescrites pour la nomination aux emplois, les traditions de zèle scientifique et d'attitude spéciale qui se sont maintenues dans l'administration de cet établissement;

Sur le rapport de notre ministre sécrétaire d'état au département de l'instruction publique,

Nous avons ordonné et ordonnons ce qui suit :

TITRE PREMIER.

ORGANISATION DE LA BIBLIOTHÈQUE ROYALE.

Art. 1. L'admininistration de la Bibliothèque royale se compose :

1° D'un directeur, qui a la surveillance générale de l'établissement;

2° Des conservateurs préposés aux divers départements.

2. Les départements de la Bibliothèque sont et demeurent fixés à quatre :

1° Les imprimés ;

2° Les manuscrits, chartes et diplômes;

3° Les médailles, pierres gravées et antiques;

4° Les estampes, cartes géographiques et pla

3. Chaque département est confié à deux conservateurs.

4. Il peut y avoir de plus, dans chaque département, des conservateurs-ajoints, auxquels seront confiées diverses sections du dépôt.

Dans le premier et dans le deuxième département, leur nombre pourra excéder celui des conservateurs, d'après les besoins du service public et la diversité des collections.

5. La réunion des conservateurs forme, sous la présidence du directeur, le conseil d'administration de la Bibliothèque.

Les conservateurs-adjoints assistent aux délibérations du Conservatoire, avec voix consultative.

En cas d'absence ou d'empêchement d'un ou de deux conservateurs, notre ministre de l'instruction publique peut accorder voix délibérative à un ou deux conservateurs-adjoints du même département que les titulaires absents.

6. Le directeur président du Conservatoire est nommé par

nous ; il peut être choisi ou non parmi les conservateurs.

7. Le Conservatoire élit, chaque année, parmi ses membres, un vice-président, rééligible pour une année seulement, lequel, en cas d'absence du directeur, le remplace dans la présidence du Conservatoire.

Dans le même cas d'absence ou d'empêchement, les autres fonctions attachées au titre de directeur sont exercées, sur délégation expresse de notre ministre, soit par le vice-président, soi par un autre membre du Conservatoire.

8. Le Conservatoire choisit également, chaque année, parmi ses membres, un secrétaire, qui tient les procès-verbaux des séances, et en assure la transcription sur un registre, après que la rédaction en a été lue et approuvée.

9. Un trésorier, nommé par nous parmi les conservateurs ou les conservateurs-adjoints, dispose les états de compte, reçoit les fonds alloués, effectue les paiements, et distribue les traitements affectés aux différents services de la Bibliothèque.

10. En cas de vacance dans les places actuellement existantes, les conservateurs et conservateurs-adjoints seront nommés par nous, savoir :

Les conservateurs, parmi les conservateurs-adjoints et les membres titulaires de l'Institut;

Les conservateurs-adjoints, parmi les membres de l'Institut, et sur une liste délibérée en Conservatoire, laquelle sera composée de trois candidats, dont un au moins doit être pris parmi les employés de la Bibliothèque.

11. Les employés de la Bibliothèque désignés dans notre ordonnance du 22 février 1839 sous les titres de bibliothécaires, sous-bibliothécaires et employés demeurent partagés en plusieurs classes, à chacune desquelles est attaché un traitement différent et gradué.

Nul ne peut être admis dans la classe la moins élevée, sans avoir été un an au moins surnuméraire.

La promotion d'une classe à l'autre a lieu par droit d'ancienneté ou de mérite, sur la présentation du Conservatoire.

Les employés d'un département peuvent continuer leur avancement dans un autre.

Les employés de toutes les classes sont nommés par le ministre, et ne peuvent être révoqués que par lui.

12. Les traitements des divers fonctionnaires dénommés au présent titre demeurent, quant à présent, fixés conformément au tableau compris dans les développements annexés au budget de 1839.

TITRE II.

FONCTIONS PARTICULIÈRES DES CONSERVATEURS ET ATTRIBUTIONS DU CONSERVATOIRE.

13. Les conservateurs, dans leurs départements respectifs, ont la police intérieure et la surveillance immédiate de leurs subordonnés. La répartition du travail, relativement au classement du dépôt, à la confection du catalogue et aux diverses parties du service, leur appartient exclusivement.

14. Dans les départements où le prêt est permis, les conservateurs sont personnellement responsables des objets qui auraient été prêtés au dehors, et qui seraient perdus pour la Bibliothèque faute de l'exacte observation des formalités préalables auxquelles le prêt doit être assujetti.

15. Les conservateurs, dans chaque département, présentent, quand ils le jugent utile, des candidats pour remplir dans le service de la Bibliothèque la fonction de surnuméraire. Ils présentent, parmi les surnuméraires de leur département, les candidats aux places d'employés qui viendraient à vaquer dans leur département, et proposent également la promotion des employés d'une classe dans la classe supérieure.

16. La réunion des conservateurs, présidée par le directeur ou le vice-président, statue sur l'emploi des fonds attribués chaque année par la loi de finances à l'entretien et à l'accroissement des collections.

Dans une des séances de janvier de chaque année, le Conservatoire délibère sur la répartition de ces fonds entre les divers départements de la Bibliothèque. Ladite délibération est transmise au ministre; et quand elle a été approuvée par lui, il ne peut y être fait de changement que par décision expresse du ministre, sur la demande motivée du Conservatoire, pour quelque acquisition dont l'urgence et l'utilité scientifique auraient été démontrées.

Le Conservatoire délibère encore, sauf l'approbation du ministre, sur l'emploi des annuités extraordinaires et transitoires accordées, à partir de 1839, pour les dépenses relatives aux achats nouveaux, à l'entretien des livres et à la rédaction des catalogues.

17. Le Conservatoire délibère également, sauf notre autorisation ou l'approbation de notre ministre de l'instruction publique, sur l'acceptation des dons qui seraient offerts à la Bibliothèque, et sur les propositions d'achat ou d'échange qui sont présentées par chaque conservateur, en ce qui concerne son département.

Il peut être également saisi, par renvoi de notre ministre de l'instruction publique, de toutes demandes de cette dernière nature; et dans ce cas, il délibère après avoir entendu l'avis des conservateurs dont le département est intéressé dans la proposition.

18. Le Conservatoire, sur la proposition des conservateurs dans le département desquels les prêts sont autorisés, et d'après tous les renseignements qu'il peut recueillir, arrête, après délibération, la liste des personnes en faveur desquelles ces prêts auront lieu. Nul nom ne peut être ajouté à cette liste, sans avoir été proposé et adopté en séance du Conservatoire.

Dans le cas où quelque plainte serait faite sur le refus ou l'omission d'un nom présentant toutes les garanties exigées par le règlement, il y sera statué par notre ministre de l'instruction publique, après communication de la plainte au Conservatoire.

Le Conservatoire délibérera également sur toute demande à l'effet d'obtenir le prêt d'un manuscrit; et, dans ce cas, sa délibération ne sera définitive et exécutoire qu'après approbation de notre ministre de l'instruction publique.

19. Le Conservatoire statue, s'il y a lieu, sur la révocation des

surnuméraires, d'après la demande des conservateurs du département dont ils font partie, ou la proposition du directeur.

20. Le Conservatoire délibère sur les demandes ou propositions de révocation qui seraient faites relativement à des employés de la Bibliothèque. Il recueille leurs moyens de défense, présentés soit verbalement, soit par écrit, et propose, s'il y a lieu, l'exclusion des fonctionnaires inculpés.

21. Le Conservatoire, d'après la demande d'un ses membres, ou la proposition du directeur, délibère sur toute modification ou disposition nouvelle dont paraîtrait susceptible le règlement intérieur de la Bibliothèque.

TITRE III.

ATTRIBUTIONS ET RESPONSABILITÉ DU DIRECTEUR PRÉSIDENT DU CONSERVATOIRE.

22. Le directeur président du Conservatoire convoque la réunion des conservateurs quand il le juge convenable, indépendamment des séances ordinaires fixées par le règlement.

En cas de partage, sa voix est prépondérante.

Il signe les procès-verbaux du Conservatoire, conjointement avec le secrétaire, et adresse à notre ministre de l'instruction publique une copie certifiée du procès-verbal de chaque séance.

23. Il correspond seul avec notre ministre de l'instruction publique; il lui transmet, au nom du Conservatoire, pour être soumises à son approbation, toutes les délibérations relatives à l'affectation des fonds, aux acquisitions et échanges, aux prêts de manuscrits, et toute proposition du Conservatoire pour la nomination, promotion ou révocation des employés.

Il correspond en son nom avec notredit ministre, pour tout ce qui concerne les besoins généraux de l'établissement, l'état des bâtiments et du matériel, la répartition des logements par droit d'ancienneté entre les conservateurs, et, s'il y a lieu, entre les conservateurs adjoints.

24. Il a la police générale de l'établissement. Il doit, sur l'initiative d'un conservateur, ou immédiatement, prescrire toutes les mesures d'ordre, et provoquer tous les travaux d'entretien et de précautions nécessaires à la sûreté des divers dépôts que renferme la Bibliothèque.

25 Il a la surveillance de l'état des bâtiments, et fait à cet égard à notre ministre de l'instruction publique, pour être transmises à notre ministre des travaux publics, toutes propositions relatives aux changements ou appropriations qui paraîtraient nécessaires, sauf à prendre l'avis préalable du Conservatoire, si ces changements concernent le local occupé par un département.

26. Toutes les dépenses sont soumises au visa du directeur.

Il a exclusivement l'administration des fonds qui ne sont pas affectés par la loi de finances à l'accroissement et à l'entretien des collections, ou qui ne font pas partie des annuités ci-dessus mentionnées.

Tous les trois mois, il rend compte de l'emploi desdits fonds à notre ministre de l'instruction publique.

27. Il est tenu, sous sa responsabilité, de veiller à ce que les travaux prescrits par les conservateurs dans chaque département s'exécutent avec régularité; il en donne l'état à notre ministre dans un rapport trimestriel.

28. Il est spécialement chargé d'assurer l'ordre et l'activité du service public, et de veiller à ce que la Bibliothèque soit toujours ouverte de dix heures du matin à trois heures de l'après-midi, hormis les dimanches et autres jours fériés.

Dans les deux époques de l'année où le service public est suspendu, pendant la quinzaine de Pâques, et depuis le 1er septembre jusqu'au 1er octobre, il doit assurer l'exécution des travaux intérieurs de la Bibliothèque.

Il prescrit et provoque, à ces deux époques particulièrement, la rentrée des objets prêtés par la Bibliothèque, et transmet à notre ministre un tableau du résultat, en indiquant les motifs du retard, les pertes éprouvées, la valeur de ces pertes et les cas de responsabilité qu'il y a lieu d'appliquer.

29. Il nomme tous les gens de service, soit immédiatement, pour ce qui concerne le service général, soit sur la proposition des conservateurs d'un département, pour ce qui concerne le service particulier de ce département.

Il peut toujours les révoquer, quand il le juge convenable au bon ordre de l'établissement.

30. Dans le cas de la translation de la Bibliothèque, il aura la surveillance générale et la responsabilité directe des mesures intérieures à prendre pour la conservation de toutes les parties du dépôt.

31. Toutes les dispositions antérieures qui seraient contraires à la présente ordonnance sont et demeurent rapportées.

32. Notre ministre secrétaire d'état au département de l'instruction publique est chargé de l'exécution de la présente ordonnance.

Fait à Paris, le 2 juillet 1839.

LOUIS-PHILIPPE.

Par le roi :

Le Ministre secrétaire d'état au département de l'instruction publique,

VILLEMAIN.

XX

RÈGLEMENT.

Le ministre secrétaire d'état au département de l'instruction publique,

Vu l'ordonnance royale du 2 juillet 1839 ;

Vu le projet de règlement délibéré en séance du Conservatoire de la Bibliothèque royale, d'après la proposition du directeur, conformément à l'art. 21 de l'ordonnance du 2 juillet 1839, et pour l'exécution des dispositions de ladite ordonnance,

Arrête :

TITRE PREMIER.

ADMINISTRATION ET PERSONNEL.

§ 1. *Conservatoire.*

Art. 1er. Le Conservatoire s'assemble une fois par semaine, à l'issue de la séance de la Bibliothèque. En cas d'urgence, le directeur-président le convoque extraordinairement.

2. Le Conservatoire ne peut délibérer qu'autant que la moitié, plus un, de ses membres, sont présents.

3. En cas d'absence des deux conservateurs d'un département, il est sursis à toute délibération qui intéresse ce département; si l'absence des deux conservateurs, ou même d'un seul, se prolonge au delà de quatre séances consécutives, quel qu'en soit le motif, il y est pourvu dans la forme mentionnée par l'article 5 de l'ordonnance du 2 juillet 1839.

4. Le directeur est seul chargé de transmettre au ministre, pour être approuvées, les délibérations du Conservatoire, et de les notifier, après approbation, aux personnes qu'elles concernent.

5. Les lettres que le directeur écrit au ministre, soit par suite des delibérations du Conservatoire, soit pour l'exécution des art. 23, 24, 25, 26, 27, de l'ordonnance du 2 juillet, sont transcrites sur un registre de correspondance. Il en sera de même des lettres que le directeur écrit à des particuliers, par suite des délibérations du Conservatoire et des décisions qu'il est chargé d'exécuter.

6. Il transmet chaque mois au ministre l'état de toutes les dépenses régulièrement autorisées par lui, qui doivent être soldées dans ce mois. Il suit, pour les dépenses d'acquisition et d'entretien des collections, l'ordre de date de leur admission en Conservatoire, et pour les dépenses dont l'administration lui est exclusivement réservée, d'après l'art. 26 de l'ordonnance du 2 juillet 1839, l'ordre de l'exécution des travaux ou la date des fournitures effectuées.

Dans l'une des premières séances de chaque mois, il communique au Conservatoire un état sommaire des dépenses qui ont été soldées dans le cours du mois précédent.

7. Tous les objets qui entrent dans la Bibliothèque royale, soit à titre de présent, soit à titre d'acquisition, sont inscrits, par les soins des conservateurs de chaque département, sur un registre uniquement consacré à cet usage, et destiné à servir, en cas de besoin, de pièce justificative.

8. Tout livre, tout manuscrit, toute pièce de musique, estampe et carte, qui entre dans la Bibliothèque royale, doit être estampillé dans le plus bref délai et inscrit sur les catalogues.

9. Les propositions des conservateurs, pour l'acquisition d'objets rares ou utiles manquant à leur département, doivent être accompagnées de tous les détails nécessaires sur la nature, l'importance, le nombre et le prix de ces objets.

10. En ce qui concerne les livres imprimés, indépendamment des propositions isolées qui peuvent être faites pour l'achat des livres rares et utiles, les conservateurs du département doivent présenter au Conservatoire, dans la première séance de chaque trimestre, une liste d'ouvrages importants, soit anciens, soit nouveaux, qui manquent à la Bibliothèque.

Cette liste peut s'accroître de tous les ouvrages qui seraient proposés par d'autres membres du Conservatoire.

11. Aucun échange ne peut être proposé avant que les conservateurs du département que cet échange intéresse spécialement en aient fait leur rapport au Conservatoire.

12. Il est dressé un état général du mobilier de la Bibliothèque. Cet état est revu tous les ans, et on y marque les changements survenus dans le cours de l'année.

13. Dans chaque département, les conservateurs président, à tour de rôle, au service public, soit de deux jours l'un, soit en se partageant chaque séance. Cette disposition est surtout obligatoire au département des imprimés, où les lecteurs peuvent avoir besoin à chaque instant, non seulement de livres, mais de renseignements et d'indications utiles à leurs travaux.

14. Le bureau des conservateurs doit toujours être occupé. Quand un conservateur s'absente, même momentanément, il doit mettre à sa place un conservateur-adjoint.

15. Ceux des conservateurs ou conservateurs-adjoints qui sont en même temps professeurs doivent, autant qu'il est possible, faire leur cours à des heures différentes de celles du service public.

L'absence dans un département ne sera jamais autorisée à la fois pour plus d'un conservateur et d'un conservateur-adjoint.

16. La responsabilité des conservateurs, dans les cas prévus par l'art. 14 de l'ordonnance du 2 juillet, s'exercera après une expertise de la valeur desdits objets, faite en Conservatoire et approuvée par le ministre.

17. Les conservateurs, chargés dans leur département respectif de la police intérieure et de la surveillance immédiate de leurs subordonnés, prescrivent aux conservateurs-adjoints et aux employés les travaux qu'ils jugent nécessaires dans toutes les parties du service.

Ils ne peuvent faire de changement dans la disposition d'aucune partie de leur département sans l'avis du directeur, qui en réfère, s'il y a lieu, au ministre.

18. Les conservateurs, dans leur département respectif, surveillent l'entretien du mobilier, et font par écrit au directeur les demandes de réparations ou d'augmentations nécessaires.

§ 2. *Employés et Surnuméraires.*

19. Les employés sont tenus de se rendre régulièrement à leur poste tous les jours avant l'ouverture de la séance, et d'y rester jusqu'à la fin du service.

20. Ils ne peuvent s'absenter pendant la durée de la séance sans la permission d'un des conservateurs de leur département; s'ils sont retenus pour cause de maladie, ou par tout autre empêchement légitime, ils doivent en donner avis immédiatement.

21. Ils s'occupent exclusivement de ce qui concerne leur ser-

vice; pendant la durée des séances, ils s'abstiennent de tout travail qui y serait étranger.

22. Ils sont chargés de faire observer les articles de police intérieure détaillés au titre précédent, et spécialement de surveiller avec la plus grande attention les personnes auxquelles il a été confié quelque livre, recueil, carton, tablette de médailles, etc.

23. Ils ne communiquent aucun objet que par l'ordre des conservateurs.

24. Après chaque séance, ils remettent en place les livres et autres objets communiqués aux travailleurs.

25. Si, dans un département, il se présentait un travail d'urgence qui exigeât la coopération momentanée d'employés de plus, ceux des autres départements peuvent y être indistinctement appelés, lorsque le Conservatoire le juge convenable, sur l'avis des conservateurs.

§ 3. *Dispositions communes à tous les fonctionnaires.*

26. Il est tenu dans chaque département un registre de présence, sur lequel les conservateurs-adjoints, les employés et les surnuméraires, à mesure qu'ils arrivent, inscrivent leurs noms.

27. Ce registre est clos à 10 heures précises par un des conservateurs. Un relevé nominatif est mis tous les trois mois sous les yeux du Conservatoire.

28. Il est interdit aux conservateurs et à tous les fonctionnaires de faire des collections d'objets rares dans le genre de ceux qui appartiennent au département auquel ils sont attachés.

29. Aucun fonctionnaire ne peut, dans l'intérieur de l'établissement, copier ou faire copier, traduire ou dessiner, à prix d'argent, les ouvrages ou monuments de l'art qui appartiennent aux divers dépôts.

§ 4. *Hommes de service et portiers.*

30. Les hommes de service sont chargés, sous les ordres des conservateurs et sous la surveillance des employés, de tous les

soins et travaux relatifs à la propreté dans les divers départements auxquels ils sont attachés.

31. Néanmoins ils sont tenus de concourir indistinctement, lorsque le cas l'exige, au service général de l'établissement.

32. Ceux du département des antiques ne vaquent à leurs travaux qu'en présence d'un employé.

33. Tous les hommes de service se rendent à leur poste tous les jours, et ils y restent pendant toute la durée de la séance.

34. Après la clôture, ils travaillent aux opérations de rangement, de mise en place et de mouvement quelconque qu'exige le besoin du service, et cela durant tout le temps jugé nécessaire par les conservateurs.

35. Il leur est défendu de recevoir aucune gratification des personnes que la curiosité ou l'amour de l'étude attire à la Bibliothèque. Toute infraction à cet égard peut être suivie de la révocation.

36. A tour de rôle, chacun d'eux passe la nuit près du cabinet des antiques.

37. Il y a un chef de service qui, en cette qualité, porte un double galon sur chaque manche de son habit de livrée; il reçoit un traitement supérieur à celui des autres hommes de service, et il est logé dans l'enceinte de l'établissement.

38. Le chef de service est chargé de la surveillance des cours, vestibules, escaliers et autres lieux non fermés. Il y fait une ronde trois fois par jour, savoir : à 7 heures du matin en hiver, à 5 heures en été, à la nuit tombante et à minuit, pour s'assurer que tout est dans l'ordre, que les portes sont bien closes, et que rien ne fait craindre pour la sûreté de l'établissement.

39. Il veille à ce que l'éclairage soit bien fait, à ce que le frottage et le balayage soient régulièrement exécutés; et il exerce généralement sa surveillance sur le service des hommes de service et des portiers.

40. Il surveille les réservoirs; il s'assure qu'ils renferment une quantité d'eau suffisante soit pour les besoins de l'établissement, soit pour les secours en cas d'incendie.

41. Tous les matins, avant 10 heures, le chef de service se rend chez le directeur, ou, en cas d'empêchement de celui-ci, chez le vice-président, pour recevoir ses ordres.

42. Pendant les séances du Conservatoire, il se tient à portée de recevoir des ordres et de les transm à qui de droit.

43. Les menues dépenses pour achat balais, cire à parquet, linge, etc., sont faites par le chef de service, d'après l'usage suivi à cet égard.

44. Un des hommes de service est spécialement chargé de toutes les commissions nécessaires pour l'établissement.

45. La porte royale, rue de Richelieu, étant destinée au service public, est ouverte tous les jours avant 10 heures du matin jusqu'à 3 trois heures, en toute saison.

46. Les dimanches et fêtes, elle est fermée toute la journée.

47 Le gardien de cette porte se tient en dehors de son logement, depuis l'ouverture de la Bibliothèque jusqu'à la clôture.

48. Il surveille attentivement les personnes qui entrent et qui sortent, et, en aucun temps, il ne laisse sortir ni livres, ni carton, ni aucun autre objet sans un *laissez-passer* signé d'un conservateur. Il garde ces *laissez-passer*, et les remet le soir au conservateur qui les a délivrés.

49. Il fait déposer à la porte armes, cannes et parapluies, et ne reçoit aucune rétribution pour la garde de ces objets.

Toute infraction à cet égard peut être suivie de la révocation.

50. Les deux portes numéros 10 et 12 sur la rue Neuve-des-Petits-Champs sont fermées tous les jours pendant toute la journée. Après minuit, elles sont fermées à la grosse clef. La porte numéro 8 ne s'ouvre que sur l'ordre du directeur.

51. Le portier de la maison rue Colbert surveille les personnes qui entrent au cabinet des médailles ou qui en sortent; il exige un *laissez-passer* de celles qui portent un livre, un carton, ou un objet quelconque.

52. La porte intérieure qui communique de la cour du petit hôtel avec le bâtiment de la Bibliothèque est fermée tous les jours pendant toute la journée. Les conservateurs et conserva-

teurs-adjoints en ont seuls la clef, ainsi que les employés logés dans l'établissement. Les conservateurs seuls ont la clef de la double serrure de cette porte.

53. Pendant la durée du service public, les hommes de service et les portiers sont tenus de porter la livrée qui leur est assignée.

TITRE II.

SERVICE PUBLIC.

§ 1. *Dispositions générales.*

54. Le service public de la Bibliothèque royale comprend :

1° La lecture et l'étude à l'intérieur;

2° Le prêt au dehors;

3° La visite dans un but de curiosité.

55. Tous les jours, excepté les dimanches et fêtes, et pendant les deux époques réservées par l'art. 28 de l'ordonnance du 2 juillet 1839, la Bibliothèque est ouverte pour l'étude, de dix heures à trois heures, en toute saison.

56. Il n'y a pas de vacances pour les fonctionnaires. Aux deux époques pendant lesquelles la Bibliothèque est fermée, les employés sont tenus de venir chaque jour aux mêmes heures, à moins d'un congé donné par le directeur sur la demande des conservateurs du département.

Pendant ce même temps, les conservateurs et les conservateurs-adjoints ne peuvent s'absenter sans un congé du ministre, demandé par le directeur.

57. Dans les départements où le public n'est pas admis indistinctement les jours consacrés au travail, les membres des deux chambres et ceux de l'Institut sont admis en se faisant connaître.

58. Dans chaque département, comme dans celui des imprimés, il sera établi, à mesure que les localités le permettront, une salle d'étude où les travailleurs seuls seront admis.

59. Les objets dont se compose chaque département ne seront communiqués que dans cette salle.

60. Dans aucun département, les catalogues ne sont communiqués au public.

61. Les personnes admises les jours de travail ne doivent ni se promener, ni causer, ni rien faire qui puisse distraire les travailleurs.

62. Il leur est interdit de prendre elles-mêmes dans les armoires, tablettes ou portefeuilles, les objets qu'elles désirent avoir, et d'en faire la recherche dans les catalogues, inventaires ou bulletins.

63. Il est également interdit de prendre les objets déposés sur les bureaux des conservateurs ou des employés.

64. Une demi-heure avant la clôture, on ne communique plus rien.

65. Les travailleurs sont tenus de placer le papier sur lequel ils écrivent ou dessinent à côté du manuscrit, du livre ou du portefeuille qui leur est communiqué.

66. Personne ne sort de la Bibliothèque avec un livre, un cahier de croquis ou un portefeuille, sans avoir pris un *laissez-passer*, qu'on délivre après s'être assuré qu'ils ne contiennent rien qui appartienne à l'un des dépôts.

67. On n'entre point dans les salles avec de la lumière, excepté dans le cas où la sûreté de l'établissement pourrait être compromise.

§ 2. *Lecture et études à l'intérieur.*

Imprimés.

68. La salle de lecture contient un choix d'ouvrages qui comprend les dictionnaires, les meilleures éditions et traductions des auteurs classiques anciens et modernes, les traités élémentaires et généraux des sciences, les œuvres complètes des principaux polygraphes, les meilleurs ouvrages d'histoire ancienne et moderne, générale et particulière, les principaux voyages, les collections académiques, les meilleurs recueils périodiques, littéraires et scientifiques, français et étrangers.

69. Les romans, les pièces de théâtre détachées, les ouvrages de littérature légère ou frivole, les brochures politiques ou de circonstance, ne font point partie de la Bibliothèque de la salle de lecture. On ne communique ces ouvrages qu'à ceux qui les demandent pour un travail littéraire ou historique, dont ils indiquent l'objet aux conservateurs

Tous les ouvrages que renferme la salle de lecture doivent toujours être tenus au complet.

Tout ouvrage nouveau sera mis en état d'être communiqué au public dans les trois mois qui suivront son entrée à la Bibliothèque.

70. Les ouvrages par livraisons ne sont communiqués au public que quand ces livraisons ont pu être réunies en un volume et reliées.

Sont exceptés de cette disposition les ouvrages périodiques en langue étrangère, et d'un intérêt scientifique, qui pourront être communiqués en livraisons, dans les cas qui seront appréciés par les conservateurs.

71. Le titre de tout livre demandé qui n'existerait pas à la Bibliothèque sera inscrit dans un registre spécial qui reste déposé sur le bureau des conservateurs Cette inscription sera faite sur-le-champ soit par un employé, soit par la personne même qui aura fait la demande.

72. Les enfants au dessous de quinze ans sont admis dans la salle de lecture en produisant un bulletin portant leur nom et leur adresse, délivré et signé soit par un de leurs parents, soit par un chef d'établissement d'instruction publique, qui garantissent que les livres peuvent être communiqués avec confiance.

73. Les jeunes gens entre quinze et vingt ans sont admis avec un bulletin du même genre, ou seulement avec leur carte d'admission à quelque école spéciale.

74. Dans la salle de lecture est un bureau où chacun est tenu d'écrire sur un feuillet de papier tout préparé un bulletin portant son nom, son adresse et le livre qu'il désire.

75. Ce bulletin numéroté est gardé par le conservateur, et n'est remis au lecteur que quand celui-ci rapporte le livre au

bureau, et après vérification faite de l'état dans lequel il le rend.

76. En sortant de la salle, on remet au gardien de la porte le bulletin qui a été rendu, ce qui garantit que les livres prêtés ont été remis au bureau du conservateur.

77. En règle générale, on ne communique qu'un ouvrage à la fois; les conservateurs sont juges des cas d'exception.

78. Des tables particulières sont affectées à la lecture des livres à figures, rares et précieux. Sur cette table, l'usage de l'encre est interdit. Les extraits de textes ou les copies de gravures ne peuvent se faire qu'à la mine de plomb.

79. D'autres tables particulières sont affectées à la lecture des recueils périodiques, des journaux littéraires et scientifiques.

80. Un quart d'heure avant la clôture, tous les employés répartis entre les diverses sections du département des imprimés se réunissent dans la salle de lecture, autour du bureau des conservateurs, pour les aider dans la remise des bulletins et la vérification de l'état des livres rendus

Manuscrits.

81. Toute demande de manuscrit doit être faite au bureau des conservateurs.

82. Les employés n'ouvrent aucune armoire sans l'autorisation des conservateurs.

83. Le calque et l'emploi des couleurs sont interdits sans exception.

84. Les manuscrits de la Bibliothèque royale étant la propriété de l'état, qui s'est réservé les droits assurés par le décret du 1er germinal an XIII aux propriétaires d'ouvrages posthumes, nul ne peut copier, publier, ni faire imprimer aucun des manuscrits sans une autorisation expresse du gouvernement.

Ceux qui voudront obtenir cette autorisation adresseront leur demande au Conservatoire, qui la transmettra, avec son avis, au ministre de l'instruction publique.

85. Pour les extraits d'un manuscrit, ou la copie de quelques portions ou passages seulement, il suffira de l'autorisation des

conservateurs, qui pourront, s'ils le jugent à propos, en référer au Conservatoire.

86. Les lettres et manuscrits autographes, ainsi que les manuscrits à figures, ne sont communiqués qu'avec l'autorisation expresse des conservateurs, et sous l'inspection d'un employé.

Médailles.

87. Les jours de travail, le cabinet est ouvert pour les personnes qui auraient à y faire des recherches ou des études spéciales. Pour y être admises, elles adressent, la veille, à l'un des conservateurs, un bulletin portant leur nom, leur adresse, et l'indication de la classe de monuments qu'elles veulent consulter. Ce bulletin est déposé au cabinet, et le lendemain ces personnes sont admises en présentant un bulletin semblable à celui qu'elles ont adressé la veille.

88. Les médailles, pierres gravées et autres objets ne sont communiqués qu'en présence et sous l'inspection d'un conservateur ou d'un employé.

89. On ne communique à la fois qu'une seule tablette de médailles, et, autant que possible, qu'un seul des autres objets de la collection.

90. Aucune des personnes attachées au département ne peut copier ou faire copier, dessiner ou mouler les objets qu'il contient sans l'agrément des conservateurs, qui en référeront, s'ils le jugent à propos, au Conservatoire.

Estampes, Cartes et Plans.

SECTION DES ESTAMPES.

91. On n'est admis, les jours de travail, qu'au moyen d'une carte délivrée par le conservateur, qui sera renouvelée au commencement d'octobre.

92. Celui qui désire obtenir cette carte en fait la demande par écrit, en indiquant son nom, son adresse, le genre d'étude auquel il se livre, ou l'artiste dont il fréquente l'atelier.

Les noms des personnes qui l'ont obtenue sont inscrits sur un registre particulier.

Les cartes sont personnelles : elles seront retirées à celui qui les prêterait ou qui ferait un mauvais usage des objets communiqués.

93. Il est expressément interdit de calquer.

L'usage de l'encre et des couleurs est également interdit.

94. On ne communique aucune collection de gravures avant qu'elle ait été assemblée et reliée.

SECTION DES CARTES GÉOGRAPHIQUES ET PLANS.

95. Le public est admis librement tous les jours dans les salles pour consulter les cartes, plans et collections géographiques.

96. Les travailleurs peuvent être admis à calquer, avec l'autorisation du conservateur, à la condition de se servir de la mine de plomb et de n'employer que du papier végétal, à la gélatine ou de glace, et non du papier gras ou huilé.

97. Il est interdit de placer le compas sur les cartes géographiques.

§ 5. *Prêt au dehors.*

98. On ne prête au dehors aucun des objets appartenant aux départements des médailles, et des estampes, cartes et plans.

99. On ne prête aucun des manuscrits qui sont remarquables par leur ancienneté, leur importance ou leur rareté, ni aucune pièce ou manuscrit autographe.

100. Dans le département des imprimés, les ouvrages formant la Bibliothèque de la salle de lecture, les livres rares, de luxe ou à figures, les livres dont les reliures sont précieuses ou remarquables, les grandes collections ou parties de collections considérables, les journaux littéraires ou scientifiques, les dictionnaires, les ouvrages de littérature légère ou frivole, ne sont jamais prêtés au dehors

101. La liste des personnes en faveur desquelles le prêt autorisé aura lieu sera transmise chaque année au ministre de l'instruction publique.

Il en sera de même des additions qui seraient faites à cette liste dans le courant de l'année.

102. Chaque mois, le directeur président du Conservatoire adressera également au ministre la liste des personnes qui auraient obtenu le prêt d'un manuscrit, conformément à l'article 18 de l'ordonnance du 2 juillet.

Cette liste fera connaître la date de chaque prêt, ainsi que l'état du manuscrit.

103. Il ne peut être prêté plus de cinq ouvrages à la fois à la même personne.

104. Aucun livre, journal ou pièce de musique, n'est prêté avant d'avoir été estampillé, et, sauf de rares exceptions dont les conservateurs sont juges, avant d'avoir été inscrit au catalogue.

105. Les objets des départemens où le prêt est permis ne sont prêtés qu'à des personnes d'une solvabilité notoire, connues par quelque publication utile, et qui, présentées par les conservateurs et agréées par le Conservatoire, ont été inscrites sur un registre particulier, avec indication de leur nom, profession et demeure.

106. Tout ouvrage imprimé ou manuscrit prêté est inscrit sur deux registres disposés par ordre alphabétique, l'un pour les noms des auteurs ou les titres d'ouvrages, l'autre pour le nom des emprunteurs.

107. Les conservateurs détermineront le temps pendant lequel les livres ou les manuscrits seront prêtés. Il en est fait mention sur le registre à l'article du prêt.

108. Les conservateurs ont toujours le droit de les faire rentrer sur-le-champ quand l'intérêt de la science ou du service l'exige, sauf à les prêter de nouveau.

Quiconque ne répondrait pas à leur appel pourra être rayé de la liste du prêt.

109. Les personnes inscrites sur le registre qui désirent em-

prunter un livre adressent la veille aux conservateurs un bulletin portant leur nom, leur adresse et le titre de l'ouvrage qu'elles demandent. Le lendemain, les livres sont remis soit à l'emprunteur, qui signe le registre, soit à un tiers qu'il aura autorisé par écrit à signer le récépissé pour lui : leur bulletin reste déposé comme pièce justificative pour être rendu lorsqu'on rapporte l'ouvrage, et après vérification faite de l'état de conservation de cet ouvrage.

110. Ceux qui ne peuvent rendre les livres qui leur ont été prêtés, ou qui ne les rendent qu'en mauvais état, sont tenus de les remplacer à leurs frais.

111. Les savants étrangers, pendant leur séjour à Paris, ne peuvent emprunter ni livres ni manuscrits que sous la caution formelle et par écrit de l'ambassadeur, du ministre ou du consul du pays auquel ils appartiennent, ou d'après l'autorisation expresse du ministre de l'instruction publique.

112. Il n'est prêté à la même personne qu'un seul volume manuscrit à la fois. Les conservateurs sont juges des cas d'exception

113. Tous les manuscrits, sans exception, prêtés, et depuis quelque époque qu'ils l'aient été, doivent être remis ou au moins représentés, chaque année, avant le 1er septembre.

114. Toutes les personnes attachées à la Bibliothèque royale sont également soumises aux dispositions qui règlent le prêt au dehors.

115. Celles qui emporteraient chez elles un objet quelconque sans autorisation seraient déférées au Conservatoire.

§ 4. *Visite des collections dans un but de curiosité.*

116. Le public est admis indistinctement à visiter les collections le mardi et le vendredi de chaque semaine.

117. Il n'est point admis dans les salles d'études, exclusivement destinées aux travailleurs.

118. Dans les salles où il est admis, on n'ouvre aucune ar-

moire, on ne communique aucun des objets qu'elles contiennent.

119. On empêche qu'il ne se forme devant les armoires ou les montres vitrées aucun rassemblement qui puisse en interdire la vue au reste du public ou favoriser de mauvaises intentions.

120. Dans le département des estampes, jusqu'à ce que le local permette d'y établir une salle où sera exposée une suite des plus belles gravures, rangées par ordre chronologique, et formant une histoire de l'art, et en outre une salle d'études où les travailleurs seuls seront admis, on continuera de communiquer aux curieux, les jours publics, les portefeuilles et collections que possède le département.

Le présent règlement sera adressé au Conservatoire de la Bibliothèque royale pour recevoir son exécution à partir de ce jour.

Fait à Paris, le 30 septembre 1839.

Le pair de France, ministre secrétaire d'état au département de l'instruction publique,

VILLEMAIN.

XXI

ORDONNANCE DU ROI.

2 septembre 1847.

LOUIS-PHILIPPE, ROI DES FRANÇAIS,

A tous présents et à venir, salut.

Sur le rapport de notre Ministre secrétaire d'état au département de l'Instruction publique, nous avons ordonné et ordonnons ce qui suit :

Art. 1. Le Directeur de la Bibliothèque du Roi reprend le titre d'Administrateur général de ladite Bibliothèque. Son traitement est fixé à douze mille francs. Il exerce toute l'autorité déterminée par les art. 6, 7, 8, 9, 10, 11, 14, 19 et 20, de notre ordonnance du 22 février 1839.

2. Le Secrétaire-Trésorier de la Bibliothèque du Roi exerce les fonctions qui lui ont été attribuées par notre ordonnance du 22 février 1839; il sera en outre chargé, sous l'autorité de l'Administrateur général, de tenir tous les registres d'entrée et de sortie qui seront institués et toutes les écritures relatives à ce service. Son traitement est fixé à six mille francs.

3. Notre Ministre Secrétaire d'état au Département de l'Instruction publique est chargé de l'exécution des présentes dispositions.

Fait au palais de Saint-Cloud, le 2 septembre 1847.

Signé : LOUIS-PHILIPPE.

Par le Roi :

Le Ministre de l'Instruction publique,

Signé : SALVANDY.

Pour ampliation :

Pour le Chef du Secrétariat,

Le Chef du Cabinet : ATH. MOURIEZ.

XXII.

RAPPORT AU ROI

ET NOMINATION DE LA COMMISSION CHARGÉE D'EXAMINER L'ORGANISATION ET LE RÉGIME DE LA BIBLIOTHÈQUE ROYALE.

(*Moniteur* du 5 janvier 1848.)

SIRE,

La sollicitude de Votre Majesté pour tous les intérêts intellectuels, secondée par la munificence des Chambres, a institué à la Bibliothèque du roi l'un des services les plus importants et l'une des dotations les plus généreuses qu'aucun gouvernement ait jamais créés dans l'intérêt de la bibliographie et dans celui des sciences et des lettres. Par vos ordres, Sire, fut proposé, dans la session de 1838, au budget de 1839, un crédit extraordinaire d'un million deux cent soixante-quatre mille francs, divisé en douze annuités, ayant pour but de combler les lacunes des différents services de ce grand établissement, et de le mettre au niveau des besoins de notre temps.

Depuis ce moment, Sire, neuf années se sont écoulées. Une somme de *neuf cent quarante-cinq mille francs* a été dépensée sur le crédit général. Je suis heureux d'avoir à dire que des résultats certains et considérables ont été obtenus. Vingt mille volumes imprimés ou manuscrits ont été reliés. Près de vingt mille, choisis parmi toutes les publications étrangères qui manquaient à la France, ont été acquis. Plusieurs collections importantes de médailles grecques, romaines, orientales, et de monuments d'antiquité figurée, enfin des manuscrits précieux, et un choix des plus belles cartes géographiques qu'aient produites l'Italie, l'Angleterre et l'Allemagne, ont enrichi chacun des départements consacrés à ces diverses branches de savoir et d'étude.

J'ajoute que les immenses travaux préparatoires qu'exigeait la confection du catalogue sont près d'être achevés. Deux cent quarante mille volumes, recueillis autrefois dans les établissements confisqués, et qui, jusqu'en 1843, étaient perdus pour le service public, lui sont désormais acquis par un rangement méthodique et définitif. Plusieurs centaines de milliers de cartes et de bulletins ont été rédigés. Un nombre immense a reçu, par la vérification qui en a été faite, un degré d'exactitude qui peut défier les plus sévères exigences de la bibliographie. Enfin le catalogue de plusieurs parties de la Bibliothèque est achevé. La division, par exemple, de la médecine, qui comprend seule soixante-dix mille volumes et dix mille thèses, pourrait être livrée dès cette année à l'impression.

Cependant l'œuvre entreprise est loin de toucher à son terme.

On peut prévoir que les sacrifices auxquels les grands pouvoirs ont consenti ne suffiront pas pour atteindre le but qu'ils s'étaient proposé. Des commissions de finances des deux chambres, dans la session dernière, se sont livrées à un examen attentif de cette situation, et ont fait appel à toute la sollicitude comme à toute la responsabilité de l'administration supérieure.

Si les résultats qui ont été obtenus sont encore incomplets, il est facile de reconnaître à cet état de choses plusieurs causes.

D'abord, et par dessus tout, les difficultés de la matière, les divergences d'opinions entre tous les hommes compétents, et les changements de système qui ont été la conséquence de ces divergences et de ces difficultés;

Ensuite l'incertitude du siége définitif de la Bibliothèque du roi, l'ajournement toujours prolongé de cette question, et dès lors l'ajournement des restaurations indispensables du local actuel, dont quelques parties s'écroulent et dont toutes demandent des réparations urgentes; l'insuffisance et l'insalubrité du local où s'exécutent les travaux préparatoires du catalogue: toutes circonstances qui ont rendu tout travail difficile, toute disposition précaire et incomplète;

Enfin la longueur même du temps qu'exige la confection d'un si grand travail, longueur qui peut s'apprécier par un fait bien simple : c'est le délai de quatre années que la chambre des députés a fixé pour la rédaction du catalogue de sa bibliothèque, laquelle ne comprend que soixante mille volumes.

Pour tout dire, il faut ajouter à ces causes trop réelles l'incertitude dans les directions de l'administration de la Bibliothèque du roi et du département de l'instruction publique dans les premiers temps. Presque aussitôt après l'entrée en jouissance des crédits, le département de l'instruction publique changea de chef cinq fois en deux années. Les changements de direction de la Bibliothèque du roi furent presque aussi nombreux, et cela précisément à l'époque de l'application des annuités et du choix d'un système. En outre, le régime même de la Bibliothèque a subi, à la même époque, de profondes variations. Ce régime avait perdu, dès le temps du Directoire et du Consulat, le caractère d'action collective indépendante et absolue que les règlements de la Convention lui avaient attribué, et, de transformation en transformation, il n'était pas arrivé d'une manière stable au principe d'action une et responsable, qui est le fondement et la garantie de toutes les parties de l'administration dans notre ordre constitutionnel.

Cet état de choses a cessé. Votre Gouvernement, Sire, donnant satisfaction au vœu exprimé avec persévérance tous les ans par les commissions des deux chambres, et exprimé notamment cette année avec plus d'insistance et de précision que jamais, a rétabli le double principe d'autorité et de contrôle qui avait été déposé dans l'ordonnance de Votre Majesté en date du 22 février 1839. L'administrateur général, si haut placé par la probité et les lumières, a repris les pouvoirs nécessaires à la responsabilité; le secrétaire trésorier a été rétabli dans les attributions qui lui avaient été assignées; il centralise dans ses mains, sous l'autorité de l'administrateur général, le service des achats, des échanges, des entrées, des sorties, des inventaires indispensables à la gestion de crédits si considérables et à la garde d'un dépôt national si vaste et si précieux.

Maintenant, Sire, il reste à prononcer sur ce qui a été fait dans ces neuf années pour l'accomplissement des intentions de Votre Majesté, sur ce qui doit être fait désormais pour atteindre le but que votre Gouvernement s'est proposé sur la difficile question de l'impression des catalogues, et, en ce cas, du mode d'impression, peut-être sur les questions de distribution des services et d'organisation bibliographique qui peuvent naître soit de l'examen approfondi de ces premières questions, soit des propositions de l'administrateur général, ou des vœux et de l'expérience du conservatoire. Je demande à Votre Majesté la permission d'éclairer ma responsabilité des lumières d'une commission dans laquelle se réuniront des hommes qui ont autorité dans ces matières, les uns que la confiance des chambres, dans la constitution de leurs commissions, a désignés naturellement à la vôtre, les autres à qui les matières de comptabilité, d'administration ou de bibliographie, sont familières. Cette commission ne pourra accomplir sa tâche principale sans porter ses vues sur le régime même de la Bibliothèque. Ses observations feront connaître les améliorations ou les réformes que l'administration pourrait exiger encore. Elles contribueront à fixer d'une manière définitive les vues du Gouvernement de Votre Majesté sur toutes les parties d'un service si important. Surtout, elles marqueront le terme des sacrifices que l'état s'impose, en précisant les moyens d'exécution qui doivent hâter l'accomplissement d'une œuvre très vaste et très nouvelle, dont l'achèvement intéresse la gloire de la France.

La commission, essentiellement politique et administrative, puisque ce sont surtout les questions de comptabilité et d'organisation qu'elle doit examiner, pourra appeler dans son sein tous les hommes spéciaux dont l'expérience ou les lumières seront utiles à ses travaux. Si Votre Majesté daigne agréer mes propositions, elle serait composée ainsi qu'il suit :

MM. Passy, de l'Institut, pair de France, ancien ministre des finances, président;

Naudet, de l'Institut et du conseil royal de l'Université, administrateur général de la Bibliothèque royale;

Comte Beugnot, de l'Institut, pair de France;

Viennet, de l'Institut, pair de France;

Comte de Montalembert, pair de France;

Bignon, membre de la Chambre des députés, conseiller à la Cour des comptes;

Vitet, de l'Institut, vice-président au conseil d'état, membre de la Chambre des députés;

Félix Réal, conseiller d'état, membre de la Chambre des députés;

Lanyer, conseiller d'état, membre de la Chambre des députés;

Vicomte d'Haubersart, conseiller d'état, membre de la Chambre des députés;

MM. Genty de Bussy, conseiller d'état, membre de la Chambre des députés;

Edmond Blanc, conseiller d'état, membre de la Chambre des députés;

Rihouet, conseiller maître à la Cour des comptes, membre de la Chambre des députés;

Pouillet, de l'Institut et du conseil royal de l'Université, membre de la Chambre des députés;

Comte de Laborde, de l'Institut, membre de la Chambre des députés;

Marquis de La Grange, de l'Institut, membre de la Chambre des députés;

Le Prévost, de l'Institut, membre de la Chambre des députés;

Jules de Lasteyrie, membre de la Chambre des députés;

Tesnières, membre de la Chambre des députés;

Nisard, chef de la division des établissements scientifiques et littéraires, membre de la Chambre des députés;

Dunoyer, de l'Institut, conseiller d'état;

Baron Portal, conseiller d'état;

Ravaisson, inspecteur général des Bibliothèques.

Approuvé :

LOUIS-PHILIPPE.

Le Ministre secrétaire d'état du département de l'instruction publique,

SALVANDY.

SUPPLEMENT.

I.

COMMISSION NOMMÉE

POUR EXAMINER LES TRAVAUX DE CATALOGUE DU 4e DÉPARTEMENT DE LA BIBLIOTHÈQUE ROYALE, SECTION DES ESTAMPES.

8 septembre 1847.

Nous, Ministre Secrétaire d'état au département de l'Instruction publique,

Vu la lettre de M. le directeur de la Bibliothèque royale, en date du 3 août 1847,

Arrêtons :

Art. 1. Une commission est nommée à l'effet de nous faire un rapport sur les observations auxquelles ont donné lieu les travaux du catalogue du département des estampes de la Bibliothèque royale.

En feront partie les personnes désignées ci-après :

MM. Naudet, administrateur général de la Bibliothèque royale, membre de l'Institut, président;

Paul Delaroche, membre de l'Institut;

Gatteaux, membre de l'Institut;

Forster, membre de l'Institut;

Robert-Duménil, auteur du catalogue intitulé: *Le Peintre, graveur français ;*

Devéria, peintre;

Ravaisson (Félix), inspecteur général des bibliothèques publiques.

Art. 2. M. le président sera invité à nous transmettre le résultat des délibérations de la commission, avec son avis particulier, comme administrateur général de la Bibliothèque royale.

Paris, le 8 septembre 1847.

SALVANDY.

II.

COMMISSION NOMMÉE

POUR EXAMINER LE MODE DE PUBLICATION DU COMPLÉMENT DE L'OUVRAGE DE CHAMPOLLION LE JEUNE, INTITULÉ : *Antiquités de l'Égypte et de la Nubie.*

21 octobre 1847.

Nous, Ministre Secrétaire d'état au département de l'Instruction publique;

Vu l'art. 1er de la loi du 24 avril 1833, en vertu duquel ont été acquis, au compte de l'état, les manuscrits, dessins et livres annotés de feu Champollion jeune;

Vu le rapport, en date du 19 janvier 1833, de la commission chargée d'examiner cette collection, à l'effet d'en apprécier la valeur et d'en constater l'importance scientifique;

Vu la lettre de M. Champollion-Figeac, en date du 24 août 1847, relative à l'impression d'un texte supplémentaire destiné à accompagner l'ouvrage de Champollion jeune publié sous ce titre : *Antiquités de l'Égypte et de la Nubie*, et devant former la matière d'un volume;

Vu le rapport qui nous a été présenté par la quatrième division, concernant cette proposition, à la date du 20 septembre 1847;

Vu les deux lettres de M. l'administrateur général de la Bibliothèque royale, en date des 5 et 6 octobre courant, concernant le même objet;

Arrêtons :

Art. 1. Une commission est nommée pour reconnaître le manuscrit et les notes devant former le texte supplémentaire destiné à compléter l'ouvrage de Champollion jeune intitulé : *Antiquités de l'Égypte et de la Nubie*, et pour nous proposer le mode de publication qui lui paraîtra le plus convenable pour ce supplément du premier travail.

Art. 2. Cette commission est composée ainsi qu'il suit :

MM. Naudet, administrateur général de la Bibliothèque royale, membre de l'Institut, président ;
Letronne, membre de l'Institut ;
Lenormant, membre de l'Institut ;
De Saulcy, membre de l'Institut ;
Ampère, membre de l'Institut ;
Champollion-Figeac, correspondant de l'Institut, conservateur au département des manuscrits de la Bibliothèque royale ;
Portal, conseiller d'état ;
Nisard, chef de la division des sciences et lettres au ministère de l'Instruction publique, membre de la Chambre des députés ;
H. Royer-Collard, ancien chef de la division des sciences et lettres ;
Ravaisson (Félix), inspecteur général des bibliothèques publiques, secrétaire.

Paris, le 21 octobre 1847.

SALVANDY.

TABLE DES MATIÈRES.

www.ingramcontent.com/pod-product-compliance
Ingram Content Group UK Ltd.
Pitfield, Milton Keynes, MK11 3LW, UK
UKHW020919180726
13838UKWH00002B/646